Angelika Frikell

Der heilende Jade-Buddha

und andere Märchen und Geschichten für Kinder UND Erwachsene

Angelika Frikell

Der heilende Jade-Buddha

und andere Märchen und Geschichten für Kinder UND Erwachsene

Rediroma-Verlag

Bibliografische Information der Deutschen Nationalbibliothek:
Die Deutsche Nationalbibliothek verzeichnet diese Publikation in der Deutschen Nationalbibliografie; detaillierte bibliografische Daten sind im Internet über http://dnb.ddb.de abrufbar.

ISBN 978-3-96103-247-1

Umschlagillustration: Raimund Klöcker

www.rediroma-verlag.de
9,95 Euro (D)

Inhalt

Der heilende Jade-Buddha

Fiona mochte Schmuck. Schon immer.

Und selbst als sie wenig Geld hatte – in jungen Jahren – hatte sie stets außergewöhnliche Ringe und Ketten. Sie hatte nicht viel Schmuck, dafür aber bemerkenswerte Stücke.

Ihrer Meinung nach bekamen diese alleine dadurch, dass sie sie trug, eine intensivere Ausstrahlung. Wieso das so war, konnte sie nicht genau sagen, nicht benennen.

Auch nicht, wie oder woran sie das bemerkte, sie fühlte es einfach.

Und jede ihrer eindrucksvollen Raritäten kam auf spezielle Art und Weise zu ihr. Sie brauchte immer nur zur rechten Zeit zuzugreifen, wie sie es nannte. Oder es gab einfach die besonderen Momente, wo ein edles, ausgefallenes Kleinod den Weg zu ihr fand, und wenn es als Geschenk erschien.

Was hatte es nun mit dem Buddha auf sich? Sie hatte dieses herrliche Prachtstück geschenkt bekommen. Eine Kette mit einem Anhänger aus Jade. Grün schimmernde, funkelnde und leuchtende Jade. Sie schimmerte so weich ... es war fast unbeschreiblich. Und inmitten dieser Jade befand sich ein aus Gold gestalteter, prächtiger Buddha.

Er kam direkt aus Shanghai. Mitgebracht hatte ihn ihre Schwester von einer ihrer Urlaubsreisen. Sie hatte dieses Wertstück in ein strahlendes lila Samt-Etui legen lassen, um ihr mit dem exklusiven Anhänger eine unvergessliche Freude zu machen. Und es war ihr gelungen, fühlte Fiona sich doch ausgesprochen berührt von diesem Juwel.

Aber irgendetwas kam ihr trotzdem sonderbar vor. Sie nahm die Schatulle in die Hand. Nein, da stimmte wirklich etwas nicht. Anscheinend hatte derjenige, der es verpackt hatte, eine schlechte Ausstrahlung gehabt.

Und doch fühlte sie, dass der, der diesen Schatz *gearbeitet* hatte, etwas Besonderes in das Stück hineingegeben hatte. Etwas Unvergleichliches schien sich im Inneren des Anhängers zu befinden. Fast, ja, fast magisch würde sie es nennen. Als ob in dem Buddha ein bestimmter Zauber enthalten war.

Was sollte sie nun nur tun? So, wie er jetzt durch die Verpackung in der Ausstrahlung war, wollte sie den Anhänger keinesfalls tragen.

Da fiel ihr wieder ein, was man bei solchen Gelegenheiten tun konnte. Sie erinnerte sich an den Rat einer weisen Lehrerin. Vor langer Zeit hatte sie etwas gesagt und fast wäre dies in Vergessenheit geraten. Doch plötzlich, wo es gebraucht wurde, war es da, dieses alte Wissen.

Schnell lief sie in ihr Büro und öffnete die Schublade ihres Schreibtisches. Ja, tatsächlich, hier war es. Sie genoss sofort den leicht süßlichen Geruch, der ihr entgegen strömte. Es waren Duftstäbchen, auch Räucherstäbchen genannt. Aber nicht irgendwelche, sondern solche aus Weihrauch. Das hatte schon immer geholfen.

Sie nahm einen Stab, zündete die oberste Spitze an. Dann, so wusste sie, musste man vorsichtig die Flamme ausblasen. Wenn der Stab zu glimmen anfing, war es gut und richtig. Kleine weiße Wölkchen ringelten sich nun aus dem Weihrauchstab.

So, wie es gelernt hatte, nahm sie nun den Gegenstand, den Jadeanhänger, in die Hand und ließ den zarten Duft und Geruch um ihre Finger und Hände ziehen.

Doch was war das? Das hatte sie noch nie erlebt. Der Weihrauchstab war ausgegangen! Sie hatte vor Schreck leise aufgeschrien. Dennoch fasste sie sich schnell wieder. Hatte sie doch Recht gehabt!

Sie hatte während dieser Zeremonie das Fenster geöffnet gehabt, um die »schlechte« Energie hinaus zu wedeln. Sie bedankte sich still bei ihren Schutzengeln für die Unterstützung, denn davon ging sie felsenfest aus, dass diese ihr beistanden. Zugleich befahl sie dieser schlechten Energie, sich zu entfernen.

Dazu wandte sie ein weiteres uraltes christliches Ritual an und murmelte leise diese speziellen Worte vor sich hin, die ihr einst gelehrt worden waren.

Diese heilige Zeremonie würde hier helfen. Keine noch so schlechte Energie konnte sich diesen Worten entziehen.

Erneut zündete sie den Weihrauchstab an und wiederholte die ganze Prozedur liebevoll. Diesmal gelang alles und der Raum füllte sich mit Weihrauch – trotz des noch immer offenen Fensters. Und sie hatte den Eindruck, dass Harmonie und Frieden in das Zimmer fluteten.

Sie atmete tief durch. Ja, das war es. So fühlte sich eine angenehme Atmosphäre an. Zudem war es ihr, als würde eine Lichtquelle den Raum erhellen. Sie genoss dies für einige Minuten.

Nochmals dankte sie der Urenergie und ihren Engeln und beendete damit das Ritual. Nun war es *ihr* Anhänger, nun konnte sie ihn tragen. Aber was es wirklich mit ihm auf sich hatte, das sollte sie erst später erfahren.

Sie trug diesen Anhänger gerne. Der goldene Buddha thronte inmitten der Jade. Er lächelte und manchmal hatte sie das Gefühl, dass er sie selbst anlächelte. Es war alles harmonisch und sie genoss diese Zeit. Wie alle schönen

Buddhas saß er in der Yoga-Haltung und sah *sehr* gemütlich aus. Auch hatte er den typischen runden Bauch, den man als Gläubiger streicheln darf. Damit ist Glück im weitesten Sinne verbunden, wusste sie.

Und dann kam der Tag der Bestimmung. Für den Jade-Buddha und obendrein für Fiona.

Sie hatte sich mit einer Freundin zum Essen verabredet. Dafür hatten sie ein kleines chinesisches Lokal gewählt, in welchem sie schon oft zusammen gewesen waren. Alles begann wie immer. Sie freuten sich, einander nach langer Zeit mal wieder zu treffen. Sie aßen gemeinsam, redeten über alte Zeiten und auch über die Gegenwart. Bewundernd schaute ihre Freundin Dora auf den Buddha-Anhänger. »Wo hast du *den* denn her?«, fragte sie. »Darf ich mal anfassen?« Und schon streckte sie die Hand danach aus. Fiona nickte, nahm die Kette mit dem Jadestück ab und reichte sie Dora. »Der ist herrlich, was?«, meinte sie. »Irgendwie etwas Besonderes«, fügte sie noch hinzu. Wie sehr sie damit noch Recht haben sollte. Dann erzählte sie die Geschichte, wie sie den Anhänger gereinigt hatte und was beim Räuchern passiert war. Dora war ganz fasziniert von dieser Geschichte. Sie wollte sich alles genau merken, damit auch sie im Falle von Unangenehmem mit Weihrauch so eine tolle Veränderung erzielen könnte. Dann legte Fiona die Kette wieder an und strich nochmals sanft über das dicke Bäuchlein des Buddha.

»Ich weiß nicht«, bemerkte sie noch zu ihrer Freundin. »Ich weiß nicht genau, aber es fühlt sich noch immer etwas komisch an. Ich habe ihn durch dieses Ritual zu *meinem* Buddha gemacht, aber irgendwie ...« Sie hörte auf zu sprechen.

»Ja?«, meinte Dora. »Erzähl doch weiter«, munterte sie Fiona auf.

Diese blickte auf den Anhänger, berührte ihn leicht mit den Fingerspitzen und ließ ihn dann wieder in ihren Ausschnitt fallen.

»Ich weiß nicht«, begann sie wieder. »Er ist so wunderschön. Ich mag ihn sehr. Und doch habe ich das Gefühl …« Sie stockte erneut.

Dora wurde schon zappelig. »Nun sag schon. Ich kenne dich schon so lange. Sag es doch einfach frei heraus«, forderte sie ihre Freundin erneut auf.

»Ja«, kam es gedehnt. »Irgendwie sagt mir mein Bauchgefühl, er gehört nicht zu mir. Als wäre er für jemand anderen bestimmt. Jemanden, dem er dienen will. Es hört sich sicher komisch an, aber genauso fühlt sich das an. Anders kann ich es nicht ausdrücken.«

So, nun war es raus. Nun hatte sie es ausgesprochen. Aber es war genau das, was sie innerlich fühlte. Obwohl sie die aufwendige Reinigungsprozedur gemacht hatte und diesen Anhänger wirklich schätzte, geradezu liebte, kam es ihr nicht in den Sinn, ihn ihr Eigen zu nennen.

Und dadurch, dass sie es jetzt in Worten ausgedrückt hatte, schien es auch irgendwie »wahrer« zu sein. Nun spürte sie genau, dies war die Wahrheit, die Gewissheit.

Dora wollte noch mehr wissen, aber Fiona konnte beim besten Willen nichts weiter darüber sagen. Irgendwie schien es ihr auch, es wäre bereits alles gesagt. Dem sei nichts mehr hinzuzufügen.

Dora schien zwar zerknirscht, doch sie kannte Fiona gut genug und merkte ihr an, dass diese nichts weiter dazu mitteilen würde.

Sie sprachen jetzt über andere Themen, über die Arbeit, die Kollegen, ihre Geschwister und so weiter. Es war ein harmonischer und erfüllter Abend.

Das Essen hatten sie sich schmecken lassen und den Wein ausgetrunken. Nun war es Zeit, zu zahlen und sich zu verabschieden. Während sie noch das Glas Pflaumenwein – spendiert vom Haus – genossen, leerte sich auch langsam das Lokal. Es war wirklich ziemlich spät geworden. Sie erhoben sich, zogen ihre Jacken an und machten sich auf, das Restaurant zu verlassen.

In diesem Moment öffnete sich die Eingangstür und ein junger Mann, ein Chinese, kam herein. Wahrscheinlich gehörte er zur Familie, denn das kleine Lokal war ein Familienbetrieb.

Und plötzlich fühlte sich die Atmosphäre des Raumes von einem Moment zum anderen anders an. Es war, als würde ein kalter Wind durch das Restaurant fegen. Beiden Frauen fröstelte es und sie zogen instinktiv die Jacken enger zusammen.

Aber das war es nicht allein. Fiona konnte den Blick nicht von dem jungen Mann wenden. Irgendetwas nahm sie gefangen und sie wusste beim besten Willen nicht, was das sein konnte. Sie versuchte, was sie sonst immer vermied, den Blickkontakt mit dem Chinesen aufzunehmen.

Er blickte sie ebenfalls kurz an. Und auch bei ihm war es, als würde ein kleiner Stromstoß durch seinen Körper gehen. Er zuckte kurz zusammen, sah weg, um aber sofort Fiona wieder in die Augen zu sehen.

»Was passiert hier nur?«, dachte sie. »Ich kenne diesen Mann nicht, da bin ich mir ganz sicher. Ich habe ihn noch nie gesehen. Was hat das alles zu bedeuten?« Sie hielt immer noch die Jacke mit einer Hand vorne gekrampft zusammen. Doch dabei hatte sich die Kette mit dem Anhänger gelöst und hing nun offen sichtbar in ihrem Ausschnitt.

Der junge Chinese wollte nun Fiona kurz zunicken, so aus Höflichkeit, und dann weiter in das Lokal gehen. Er blickte kurz auf den Anhänger. Seine Augenbrauen hoben sich kurz und er starrte erstaunt und gleichzeitig gebannt auf den Buddha.

Er hatte sich aber ebenso schnell wieder im Griff und seine kurze verräterische Mimik wurde erneut undurchdringlich, wie es für Chinesen so typisch ist.

Doch Fiona hatte das Minenspiel bemerkt und auch registriert, sagte jedoch nichts dazu. Sie wollte sich lediglich weiter in Richtung Ausgang bewegen.

Doch dazu kam es erst gar nicht.

Plötzlich bemerkte sie im Augenwinkel, wie der junge Mann taumelte. Er wollte sich noch an einem der Tische festhalten, erwischte jedoch einzig die Tischdecke und krachte auf den Boden. Beim Fallen zog er die Decke mit sich, und das ganze Geschirr und Besteck und die Blumendekoration, alles, was sich auf dem Tisch befand, krachte und prasselte auf den Boden.

Er selbst lag ebenfalls auf dem Boden – auf dem Rücken – und zuckte.

Fiona konnte sich dieser Dramatik nicht entziehen.

Obwohl ihre Freundin Dora schon durch die Eingangstür entschwunden war, drehte sie selbst sich um und bückte sich zu dem Mann herunter. Alles ging so schnell, und dadurch, dass sie am nächsten gestanden hatte, war sie als Erste bei ihm.

Gerne wollte sie ihm helfen. Doch wie? Sie nahm seine Hand und ihre Finger berührten seine Handflächen. Die waren heiß, aber nicht feucht. Was konnte sie nur tun?

Durch die Geräusche und den Lärm alarmiert, kamen nun die Angestellten, die Familienmitglieder des Lokals, herbeigerannt. Aufgeregte Stimmen, für sie hörte es sich wie ein aufgeregtes Schnattern an, begannen den Raum zu füllen. Fiona verstand naturgemäß kein Wort, das hier gesprochen wurde. Sie bekam nur mit, dass wohl die Feuerwehr oder der Arzt gerufen werden sollte.

Sie hielt indes noch immer seine Hand. Auch wenn sie nicht sicher war, ob er ihre Sprache verstehen würde, sprach sie beruhigend auf ihn ein.

Ganz in Gedanken tastete sie dabei mit ihrer anderen Hand nach dem Buddha. Doch was war das?

Sie zuckte zurück. Der Anhänger fühlte sich heiß an. Sie nahm sofort die Finger wieder weg, als hätte sie sich verbrannt. Mit weit aufgerissenen Augen hatte auch der Chinese den Vorgang beobachtet.

Sie versuchte es erneut und berührte den Anhänger an der Kette. Wieder musste sie aufgeben. Es war ihr, als ob sie in glühende Kohlen gefasst hätte.

Sie schaute automatisch auf ihre Hand, ob sie nicht vielleicht Brandblasen sehen würde. Aber ihre Haut war unversehrt, nichts, das anders als sonst gewesen wäre.

»Was um Himmels Willen passiert mir hier?«, dachte sie verwirrt. Das konnte doch nicht normal sein.

Zwischenzeitlich hatten die Familienangehörigen den Sohn, denn um den schien es sich zu handeln, aufgesetzt. Zwar saß er immer noch auf dem Fußboden, aber mittlerweile mit dem Rücken gegen einen Tisch gelehnt.

Das kalt-schweißige Gesicht bekam allmählich wieder Farbe. Doch er ließ Fiona nicht aus den Augen.

Langsam nickte er ihr zu, zum Zeichen dafür, dass es ihm langsam besser ging und er sich für ihre Hilfe bedanken wollte.

Noch während er sie fast zärtlich ansah, ging es ihm bereits wieder schlechter. Erneut zuckte er am ganzen Körper und seine Augen verdrehten sich, dabei hatte er die Hand nach Fiona ausgestreckt. So dachte sie es zumindest. Aber dann bemerkte sie, dass er nach dem Anhänger hatte greifen wollen.

Während die Angehörigen wieder vor Schreck erstarrt waren, begriff Fiona.

Sie zog sich mit einem Ruck die Kette über den Kopf, beugte sich über den jungen Mann, der inzwischen nur noch hechelnd Luft bekam, und riss ihm das Hemd auf.

Ein Aufschrei ging durch das Lokal, aber sie ließ sich in ihrem Tun nicht beirren.

Es musste etwas mit diesem Buddha zu tun haben. Das war ihr innerhalb von Sekunden klar geworden. Im Hintergrund hörte sie bereits das Martinshorn mit dem Notarzt kommen, doch es war keine Zeit zu verlieren. Sie beugte sich weit über den Mann und drückte ihm den Buddha auf das Herz.

Es schien ihr, als würden ihre Hände verbrennen. Aber sie hörte nicht auf. Sie wusste instinktiv, was zu tun war. Wie dumm es auch für die anderen Umstehenden aussehen mochte. Sie störte sich nicht daran. Sollten die doch denken, was sie wollten.

Weiter drückte sie den Buddha auf das Herz des Mannes. Die Hitze ließ nun langsam nach und sie hatte den Eindruck, dass auch der Mann sich langsam erholte. Er musste nicht mehr so mühsam nach Luft ringen und auch die Muskelkrämpfe ließen merklich nach.

Das alles passierte in so kurzer Zeit, dass es kaum messbar schien.

Und doch kam es den beiden Beteiligten vor, als würden Minuten vergehen.

»Ich heiße Kuan, was so viel heißt wie *frei von Sorgen*«, stieß er leise hervor und sah dabei Fiona fest in die Augen. »Als Beinamen bedeutet dies auch *Buddhistische Gottheit der Barmherzigkeit*«, setzte er noch schwach dazu.

Fiona wollte sich wieder aufrichten, doch er hielt ihre Hand fest und ließ das nicht zu.

»Du hast mir geholfen«, stöhnte er. Gleichwohl begann seine Stimme wieder fester zu werden. »Das heißt, nein, dein Buddha hat mir geholfen.« Dabei stützte er sich wieder auf und schob seinen Rücken erneut an den Tisch.

Da plötzlich wurde stürmisch die Tür aufgerissen, der Notarzt und seine Rettungsassistenten kamen herein und eilten sofort auf den Hilfsbedürftigen zu.

Fiona wurde bestimmt und heftig beiseitegeschoben und das Rettungspersonal begann schnell und effizient mit der Arbeit.

Keiner nahm mehr Notiz von Fiona. Und das war ihr auch sehr recht. Verkrampft hielt sie derweil noch die Kette und den Anhänger in der rechten Handfläche. Sie war inzwischen aufgestanden und hatte sich an den Rand des Lokals gestellt. Sie wollte noch sehen, ob der junge Chinese gesundheitlich stabil würde.

Zwischen den Bewegungen des Arztes nahm sie noch wahr, dass Kuan ihren Blick suchte. Kurz begegneten sich erneut ihrer beiden Augen.

Schlagartig wurde Fiona klar, was sie zu tun hatte, ja absolvieren musste!

Energisch schob sie sich durch die Menschenmenge, die den Mann inzwischen umringte. Sie kniete erneut nieder und nahm kurz seine rechte Hand.

»Hier«, meinte sie, »der muss für dich sein. Anders kann ich mir das nicht erklären. Er gehört dir. Definitiv. Ich war offenbar nur ein Überbringer – ein Medium, damit *du* diesen Buddha erhältst.«

Mit diesen Worten schob sie die Kette und den Anhänger in seine Hand. Glückseligkeit und Leichtigkeit durchfluteten sie und in diesem Moment wusste sie, sie hatte genau das Richtige getan.

Und auch er sah sie glückstrahlend an. Und wieder schien es für die beiden, als würde die Welt kurz anhalten. Was natürlich nicht wirklich der Fall war. Die Umstehenden bekamen das Ganze gar nicht so richtig mit.

»Ja«, meinte er und seufzte tief. »Es sieht aus wie das Erbstück meiner Ur-Ur-Großmutter, welches in den Wirren der Revolution in China verloren gegangen ist. Ich fühlte genau, wie dieses Stück Jade mir sofort geholfen hat. Was ich habe, diese Krämpfe, dies ist eine alte Familienkrankheit, unter der ich leide. Aber dieser Buddha hat die Mitglieder unserer Familie immer geheilt. Ich danke dir. Wunderbar, dass du mir sofort geholfen hast. Und wie schön, dass du so viel Verständnis hast. Nicht jeder hätte sich von diesem einzigartigen Stück getrennt. Aber ich kann dir versichern, es gehört garantiert in unsere Familie. Und wie mein Beiname bereits verrät, haben wir es immer mit Buddha zu tun.«

Mehr konnte er nicht sagen, denn die Rettungskräfte hatten sich wieder gefangen und Fiona erneut sanft, aber bestimmt zurückgedrängt.

»Komm demnächst wieder«, hörte sie ihn noch rufen. Und sie wusste, genau dies würde sie tun.

Sie wollte die ganze Familiengeschichte hören und vor allen Dingen den jungen Mann wiedersehen. Möglicherweise hatte der Buddha ja noch mehr zusammengefügt, als es im ersten Augenblick schien.

Und wenn sie nicht in das Lokal gegangen wäre ... so würde der Buddha noch immer seinen Herren suchen.

Die Bestimmung

Wenn Vater Bernhard nach Hause kam, dann war er ordentlich müde. Er hatte den ganzen Tag hart gearbeitet. Hart, weil er etwas Besonderes in seiner Arbeit sah. Immerhin war er ein ganz Starker, hatte ordentlich Power, wie der Inhaber der Gärtnerei immer wieder betonte. Ja, er war schon kräftig – sehr groß, immerhin bestimmt einen Meter lang. Und durch seine langen Arme konnte er ordentlich Druck auf die Äste ausüben, die er dann abschneiden durfte. Er war nämlich ein ganz Großer, eine Astschere.

Wo andere Scheren kläglich versagten und noch nicht einmal einen Kratzer in die Rinde schafften, da konnte er mit einem »Biss« die dicksten Äste durchschneiden. Immer in der Hand seines Gärtners. Er war zufrieden, denn die Arbeit machte ihm jeden Tag Freude. Mit seinen Kollegen, dem Spaten und dem Rasenmäher, verstand er sich prima und so kam er halt abends, zwar erschöpft, aber glücklich, nach Hause.

Er freute sich bereits auf seine Familie. Seine Frau Katrin, die halbtags als Textil- und Stoffschere in einer Schneiderei arbeitete, war sicher schon in der Küche und hatte das Essen vorbereitet. Und sein Sohn Michael war bestimmt schon aus der Schule zurück.

Jetzt hatte Bernhard doch eine Sorgenfalte auf der Stirn, wegen seines Sohnes, auf den er so stolz war, als er geboren wurde. Was hatte er sich auf seinen Stammhalter gefreut. Alle aus der Scherenfamilie hatten ihn beneidet, waren doch öfter Mädchen geboren worden.

Ach, er holte tief Luft und stöhnte leicht. Ja, so froh war er gewesen, anfangs. Und dann wuchs der Kleine heran, blieb aber recht zart und wirklich klein. Der Vater hatte gehofft, dass sein »Ableger« so stark würde wie er. Aber danach sah es leider nicht aus. Fast zierlich wirkte sein Kind, von dicken Armen und kräftiger Statur war nichts zu sehen.

Seine Frau schützte das sensible Kind immer vor großen Anforderungen, so empfand er es jedenfalls. Immer fand sie eine Erklärung für das Verhalten oder sie verteidigte Michael einfach. Immer fiel ihr eine Entschuldigung ein, warum dies so und nicht anders geschehen war. Doch er als Vater spürte, dass das Kind einfach zu weich war, nicht »Manns« genug, es ihm einfach an Stärke fehlte. Da mochte seine Frau ihn noch so sehr in Schutz nehmen, er hatte keinen »richtigen« Sohn, wie er es nannte. Dadurch war das Verhältnis zwischen allen natürlich ziemlich getrübt.

Er seufzte nochmals. Scheren mussten doch alle hart arbeiten. Warum zuckte der Sohn zusammen und rannte weg, wenn er ihn mit in den Garten nahm, um dort an den dicken Ästen das Durchschneiden zu üben.

»Ich kann das nicht«, hatte der Kleine gerufen. »Das tut mir weh.« Ja sicher, leicht war es nicht, aber genau deswegen wollte er ja mit seinem Filius üben. Nur so konnte es Michael lernen, glaubte der Vater. Aber es war nichts zu machen gewesen. So sehr er auch geschimpft hatte, er konnte seinen Sohn nicht dazu bewegen, sich an die starken Zweige zu trauen. Der Vater verstand es nicht. »Wir sind doch alles Scheren«, meinte er. »Es ist unsere Bestimmung, zu schneiden. Wir haben doch unsere Aufgabe zu erfüllen«, sagte er mehrmals zu seiner Frau.

Und oft endete dies in einem handfesten Streit, weil er so gar kein Verständnis für dieses Verhalten fand. Dann schimpfte er so laut, dass der Sohn dies im Kinderzimmer noch hören konnte. »Dieses Kind bringt mich noch um den Verstand! Der ist nicht sensibel, sondern einfach kraft- und saftlos. Und du, liebe Frau, lässt ihm das alles durchgehen. So wird das nie was«, polterte er noch hinterher. »Er verweichlicht durch deine Erziehung. Nicht mal in der Küche lässt du dir von ihm helfen«, herrschte er seine Frau an. Und erst wenn sie Tränen in den Augen hatte merkte er, was er gesagt hatte und wie verletzend seine Äußerungen gewesen waren. Dann entschuldigte er sich reumütig, aber der Stachel der Unzufriedenheit blieb bei beiden im Herzen.

Dabei wollte der Vater nur was Gutes für seinen Stammhalter. Was sollte er denn für einen Beruf ergreifen? Wie sah die Zukunft aus für den Sprössling? Oft genug hatte er mitbekommen, dass es auch in der Schule nicht gut für Michael lief. Manchmal kam der mit Tränen in den Augen nach Hause, weil er wieder bei der Auswahl im Sport als Letzter gewählt worden war. Das war hart, wer wollte schon so etwas erleben? Die Starken und Robustesten wurden immer als Erste ausgewählt. Das hatte der Knabe noch nie erleben dürfen. Und es würde wahrscheinlich auch nie im Leben passieren.

Der Senior erinnerte sich an das letzte große Familienfest. Alle Verwandten waren gekommen.

Die Heckenschere, sein Bruder Wilhelm, war wie immer als Erster eingetroffen. Der war sehr robust. Und stets trug er seinen Arbeitsanzug. Er äußerte ständig, man müsste sich seiner Arbeit nicht schämen. Deswegen hielt er nichts davon, sich »herauszuputzen«. An Michael hatte er nie Interesse gezeigt. Er kümmerte sich überhaupt nicht um ihn.

Ganz anders in ihrem Auftreten war hingegen Tante Edith, die stolze Gartenschere. Sie machte sich gezielt zurecht und schmückte sich für jeden feierlichen Anlass. Doch beide Verwandten, so verschieden sie auch schienen, waren sich über den Buben Michael einig. Zu schmächtig und zu schwach war er.

Die Geflügelschere Martha war noch gezielter vorgegangen. Sie hatte ziemlich missbilligend auf den Sohn herabgesehen und laut gestöhnt. Die Enttäuschung über das hagere Kind hatte sie sich deutlich anmerken lassen. Machte keinen Hehl aus ihrer Abneigung gegen diesen Spross. Ständig rümpfte sie die Nase über ihn.

Dann gab es da noch die Nichten, allesamt Bastelscheren. Auch sie waren in der Familie nicht so angesehen, aber sie taten wenigstens ihren Job, wie es hieß. Aber selbst die nahmen Michael kaum zur Kenntnis, zu klapprig und mager erschien er ihnen.

Nicht zu vergessen Onkel Herbert, die alte, leicht rostige Blechschere. Er hatte sich, wie ständig, nur um den Alkohol gekümmert, dem er viel zu viel zusprach. Er hatte das Kind erst gar nicht richtig zur Kenntnis genommen – es eher wie Luft behandelt.

Das tat dem Vater, als Familienoberhaupt, natürlich weh, aber verhindern konnte er all dies nicht. Weiter ging er in Gedanken seine Sippe durch.

Da war da noch die Papierschere, Oma Hilde. Sie hatte den Kleinen in den Arm genommen, mit ihm geschäkert und ihn damit aufgeheitert. Sie hatte irgendwie einen Draht zu Michael gefunden.

Die Schwägerin Renate, ihres Zeichens Friseurschere, hatte Michael allenfalls ignoriert. Zusammen mit der Cousine Melanie, der Designer-Hundefriseur-Schere, hatte sie sich um das Essen gekümmert. Nicht bei der Herstellung, nein, eher beim vorherigen Naschen und hinterher Verspeisen der Gerichte. Da konnten sie nicht genug bekommen. Den Jungen übersahen sie eher gekonnt und widmeten sich dann reichlich dem Alkohol. Dort trafen sie auf Onkel Herbert und blieben meist unter sich.

Und was war mit der Base Hiltrud? Ach ja, die war genauso, wie man sich eine Nagelschere vorstellte. Immer wieder ließ sie Spitzen in die Unterhaltung fließen, wie z.B.: »Ach, nett, euer Essen. Spannend, wie ihr es immer schafft, so ein einfaches Essen zu zaubern.« Oder: »Eure Kleidung gefällt mir.« Um dann, nach einer kleinen gekonnten Pause, Folgendes dazuzusetzen: »immer wieder, wenn ihr die Sachen auftragt.« So böse Sätze konnte sie auch über Michael äußern. Ein Beispiel fiel im gleich ein: »Euer Kind ist einzigartig … wer möchte schon mehr von solchen Pimpfen haben.«

Ach, er hätte beinahe die andere Großmutter Mechthild vergessen. Die gute alte Zick-Zack-Schere. Früher hatte er die Arbeit von ihr als gering erachtet. Sie erzählte auch nicht viel darüber, da war sie viel zu bescheiden. Aber als er mal gesehen hatte, was sie genau durch ihre Arbeit an den Stoffen bewirkte, war er voller Bewunderung für sie. Sie hatte den Abschluss eines Saumes, eines Tuches, geschnitten, eben wie Zick-Zack. Dadurch fransten die Gewebe nicht mehr aus und sah somit auch noch wunderbar aus.

Diese Oma hatte sich ganz anders verhalten. Stimmt, auch diese Ahnin hatte letztens den Sohn beiseite genommen und mit ihm, wie es schien, eindringlich gesprochen. Später stellte sich heraus, dass sie ihm viel Mut zugesprochen hatte. Er, Michael, würde seinen Weg schon finden.

Alles im Leben hätte seinen Grund und er würde seinen Lebenssinn noch finden. Rechtzeitig, da sollte er sich keine Gedanken machen. Er sei völlig in Ordnung, hatte sie ihm zugeraunt.

Für die Aufgabe, die ihm im Leben zustehen würde, wäre er mit allem ausgestattet, was es dafür bräuchte. Und er wäre voll funktionsfähig. Davon sei sie total überzeugt. Er müsste sich keine Gedanken über die Zukunft machen. Er würde, wie gesagt, seinen Weg finden – und das alles zur rechten Zeit! Diese Anschauung hatte Michael lange aufgemuntert. Darauf wollte er sich verlassen. Auch wenn es vielleicht noch ein bisschen dauern würde, hatte sie damals gemeint.

Inzwischen war der Vater Bernhard wirklich zu Hause eingetroffen. Heute ging er ruhiger mit seinem Sprössling um. Er strich ihm über den Kopf und meinte, morgen, am Samstag, würde er ihn nochmals mitnehmen in die Gärtnerei. Und nein, er müsse sich keine Gedanken machen, er sollte nur einfach zugucken, wie er die Arbeit verrichtete. Und welche Zufriedenheit man nach getaner Arbeit haben konnte. Und so geschah es auch.

Bernhard nahm ihn mit in die Gärtnerei und versteckte seinen Sohn in dem Arbeitsoverall des Gärtners. Und wirklich, dieser bemerkte es nicht. So konnte der Junior den Arbeiten in Ruhe zusehen und alles genau beobachten. Leider auch das, was keinesfalls hätte passieren dürfen und sollen.

Plötzlich ein Schrei des Gärtners. Der Chef hatte nicht aufgepasst und war hingefallen. Genau auf einen Stein war er geprallt und blutete nun fürchterlich aus einer Platzwunde am Kopf. Schnell waren Helfer zu ihm geeilt. Alle Gartengeräte rings herum wurden schnell beiseite geräumt und der Verunfallte ins Krankenhaus gebracht. Nun waren Vater und Sohn getrennt. Michael ging es gar nicht gut. War er doch immer noch in der Brusttasche des Gärtners. Was würde denn jetzt nur passieren?

Die Schwestern im Krankenhaus bemühten sich um den Verletzten. Da sah Michael etwas Erstaunliches. Er konnte es kaum glauben. Ja, wo gab es denn so etwas?

Auf dem Tablett, wo der Arzt und die Schwestern das Operationsbesteck liegen hatten, da lag seinesgleichen. Da lagen Scheren, die sahen genauso aus wie er! Unfassbar.

Vorsichtig spähte er weiter aus der Brusttasche des Overalls heraus. Tatsächlich, er hatte sich nicht getäuscht. Sie sahen wirklich so aus wie er. Zart und scharf, und vor allen Dingen auch so klein und schmal wie er.

»Wir sind sehr wichtig«, antworteten sie auf seine Frage, wer und was sie denn seien. Sehr selbstbewusst wirkten sie auf ihn.

»Dazu haben wir auch allen Grund«, meinten sie. »Immerhin sind wir OP-Scheren. Das kann nicht jeder werden«, raunten sie ihm zu. »Aber das solltest du doch wissen, du bist doch einer von uns! Du bist genau für diese Arbeit perfekt ausgestattet und geeignet. Nicht so plumpe Scheren, die es außerhalb des Krankenhauses geben soll«, meinten sie leicht verächtlich. Sie waren wirklich etwas hochmütig, dachte Michael. War aber trotzdem total begeistert über die Grundaussage.

Das war es also. Sollte die Oma Zick-Zack-Schere Recht gehabt haben? Das hier war seine Bestimmung? Etwas, was nur er so konnte? Dafür war er geeignet und bestimmt worden?

Er fühlte sich plötzlich leicht und beschwingt. In seinem Inneren wusste er es jetzt. »Das ist mein Gebiet. Hier möchte ich arbeiten.« Er vermutete es nicht nur, nein, Bestimmtheit machte sich in ihm breit. Hier, hier gehörte er hin. Da gab es keinen Zweifel.

Und er war sich gewiss, alles hatte so kommen sollen. Wichtig ist, dass alle verschieden sind. Jeder hatte seinen eigenen Platz im Leben.

Für seinen Vater war es sicher wichtig, große und dicke Äste durchzuschneiden. Seine Mutter war gut aufgehoben in dem Textilgeschäft und auch die Designer-Hundeschere hatte ihren Auftrag. Jeder, wie er konnte. Alle hatten ihre eigenen Aufgaben. Und nicht zuletzt fühlten sich doch auch alle in ihrem Metier wohl und hatten Spaß und Freude damit.

Keiner war wichtiger oder unwichtig. Alle hatten ihre eigene Wirkungsstätte. Alles war richtig, so, wie es war. Sie waren verschieden, sicher. Doch alle gehörten sie in die Familie der Scheren. Eine große, reiche Familie. Und mit dem Verständnis für die verschiedenen Einsatzorte gab es auch die Wertschätzung, das verbindet.

Nun hatte er seinen Beruf – seine Berufung gefunden. Das wollte er werden – eine OP-Schere. Besser gesagt, das IST er bereits, eine OP-Schere.

Er war so glücklich, dass es doch noch eine Weile gedauert hatte, bis er die kleine grazile Verbandschere entdeckt hatte. Ziemlich schüchtern lag sie dort auf dem OP-Tablett. So eine hübsche Schere hatte er noch nie vorher gesehen. Ihm wurde inzwischen ganz heiß. Sie sah wirklich toll aus.

Oh Schreck, auch das noch. Hatte sie ihm da etwa zaghaft zugezwinkert? Hatte sie wirklich ihn gemeint, er sah sich um. Doch, so musste es gewesen sein: Es war keiner weiter hier.

Tja, also ... sie gefiel ihm ausnehmend gut!

Er fühlte sich plötzlich ganz leicht und frei. Kein Zaudern mehr und kein Hadern. So glücklich ist man also, wenn man seine Bestimmung gefunden hat, dachte er.

Toll, einfach toll.

Der Glücksvogel

Maria sah durch das Fenster auf ihre Terrasse. Es war eine schöne überdachte Veranda. Sie freute sich. Dieses kleine, aber ansprechende Häuschen hatte sie vor kurzem von ihrer Tante geerbt. Sie hatte diese Verwandte nur einmal im Leben, als kleines Kind, gesehen. Die Tante aber hatte Maria sofort ins Herz geschlossen. Bereits damals hatte sie ihr gesagt, dass sie in ihren letzten Tagen an Maria denken werde. Was dies zu bedeuten hatte, war erst nach dem Todesfall klar geworden.

Ganz überraschend für die ganze Familie war Tante Heidrun verstorben. Sie hatte einigen wertvollen Schmuck den Angehörigen vermacht. Aber im Testament hatte sie Maria mit dem Haus bedacht. Keiner der Verwandten erhob hiergegen Einspruch und so konnte Maria das kleine Anwesen bald ihr Eigen nennen.

Tja, so war Maria also in den Besitz dieses kleinen schmucken Häuschens gekommen. Sie mochte es auf Anhieb. Es war genau richtig, nicht zu klein und nicht zu groß. Außerdem verfügte es über eine wunderbare Atmosphäre. Das gesamte Haus strahlte irgendetwas Besonderes aus. Ja, sogar jedes Zimmer hatte eine eigene Energie. Das Schlafzimmer, das sie selbst auch als Schlafraum ausgewählt hatte, schien eher Ruhe auszustrahlen. Wohingegen die Küche zum Beispiel eine Art von Betriebsamkeit verströmte. Das kleine Esszimmer beeindruckte eher durch Freudigkeit. Das Wohnzimmer, großzügig geräumig, verbreitete eine tolle Gelassenheit. So hatte jeder Raum etwas Einzigartiges, Wertvolles zu bieten.

Was Maria jedoch am liebsten hatte, das war die Terrasse. Es war jetzt Winter und sie hatte sich vorgenommen, die vielen verschiedenen Vögel und Eichhörnchen zu füttern. Das schien auch ihre Tante einst gemacht zu haben. Es dauerte nämlich nicht lange nach dem Aussäen des Futters, als bereits viel Trubel rund um den Futterteller geschah. Es tummelten sich die Amseln genauso wie die kleinen Spatzen und auch die roten Bäuche des Dompfaffs konnte sie gut erkennen. Zwischendurch flogen immer mal wieder Meisen hektisch hin und her.

Maria erfreute sich an dem belebten Geschehen. Es wurde reichlich gepickt und erschreckt geflattert, wenn sich eine stromernde Katze in die Nähe traute. Die wilden Kaninchen dagegen wurden von den Vögeln meist ignoriert. Maria machte es einfach Spaß, diese verschiedenen Vogelarten zu erkennen, was für sie als sogenannte Städterin am Anfang gar nicht so leicht war.

Inzwischen allerdings konnte sie die Vogelarten leicht bestimmen. Die Vögel waren ihr sogar derart vertraut, dass sie sie bereits auseinanderhalten konnte. Sie bemerkte auch, dass es bestimmte Uhrzeiten gab, die diese Vögel bevorzugten. Die Kohlmeise kam gerne früh am Morgen. Dompfaff und Amsel holten sich ihre Essensportion hingegen erst kurz vor Mittag. Wie gesagt, sie kannte den Rhythmus der Tiere recht gut.

Bis zu diesem bedeutungsvollen Tag. Sie schaute gerade eher zufällig hinaus, als sie dieses eindrucksvolle Vögelchen sah. Sie näherte sich vorsichtig dem Fenster. So etwas hatte sie noch sie gesehen! Ein Piepmatz, vielleicht so groß wie ein Star, aber ganz anders gezeichnet.

Die Federn schillerten eindrucksvoll bläulich, als wären sie aus Stahl. Mit jeder Bewegung des Tieres schien eine andere Farbe vorherrschend zu sein. Das ganze Tier strahlte etwas Unnachahmliches aus. Am Bauch des Vogels blinkte es fast wie orange. Die Augen blitzten hellblau und die Schwanzfedern waren extrem lang und trugen die Farbe Purpur.

So ein extrem schönes Tier hatte Maria noch nie gesehen. Auch schien der Vogel keine Angst zu zeigen. Selbst als sie sich nah am Fenster zeigte, flog er nicht fort. Das Gegenteil schien der Fall zu sein. Er hielt inne, legte den Kopf etwas schräg und schaute Maria direkt an. So stellte es sich für sie jedenfalls dar. Sie konnte ihn somit in aller Seelenruhe betrachten. Marias Herz ging vor Freude auf über dieses anmutige Vögelchen. Derartig berührt war sie. Und zum ersten Mal wollte sie einem Tier einen Namen geben, dies hatte sie bisher noch nie getan.

Durch die Fensterscheibe hindurch sprach sie das Tier an. »Du bist was ganz Tolles, etwas Besonderes. Deshalb werde ich dir einen Namen geben«, sprach sie. »Ich werde dich Addi nennen«, führte sie fort.

Der kleine Vogel sah sie aufmerksam an, als verstünde er jedes Wort. Erneut legte er sein Köpfchen schräg.

»Ach, du willst wissen, was dies bedeutet?«, fragte sie ihn. Und es schien ihr, als nicke er leicht zu ihren Worten. »Gut, dies stammt aus dem Altenglischen und soll ebenfalls biblisch sein. Dies bedeutet übersetzt so viel wie *froh, glücklich*. Das passt gut zu dir.« Dabei nickte sie dem Tierchen zu. Und als ob Addi dies verstanden hätte, hüpfte er näher. Erneut konnte sie den Vogel betrachten.

Sie war sich sicher, so etwas hatte sie noch nie gesehen. Auch in Vogelbüchern hatte sie niemals so ein Federkleid gesehen. Dies musste etwas Außergewöhnliches sein. Da war sie sich sicher.

Und wie Recht sie doch hatte. Sie wälzte Bücher und sah im Internet nach. Nein, so ein Vogel war nirgendwo verzeichnet. Schon überlegte sie, ob sie einem Trugbild aufgesessen war. Aber am nächsten Sonntag, Punkt zwölf Uhr, flatterte es laut auf der Veranda. Und als sie nicht sofort nachschaute, klopfte es bereits ans Fenster. Da hatte sich Addi direkt auf die Fensterbank gesetzt und pickte mit dem Schnabel gegen die Scheibe. »Ist ja irre«, dachte Maria. »Wenn ich das jemandem erzähle, der würde mir dies nie im Leben glauben.« Aber genau so war es. So und nicht anders.

Der kleine Kerl war alles andere als schüchtern, dies konnte Maria feststellen. Sie bewegte sich langsam, um ihn nicht mit schnellen Bewegungen zu erschrecken. Aber da brauchte sie keine Bange haben. Addi saß da und schien auf sie zu warten.

»Na, mein Kleiner. Kommst du jetzt jeden Sonntag um die gleiche Zeit?«, erkundigte sie sich. Addi hüpfte hin und her, ganz aufgeregt auf dieser Fensterbank.

»Was machst du denn, wenn ich das Fenster aufmache?«, wollte sie wissen. Addi verharrte augenblicklich und wurde ruhiger und stand ganz still.

»Wollen wir es mal versuchen?«, forschte sie. Addi blieb immer noch gelassen. Und das sollte sich auch nicht ändern, als Maria vorsichtig und langsam den Fensterflügel öffnete.

»Na das nenne ich mutig«, sprach sie ihn leise an. Er hielt immer noch inne.

»Ach Addi, was bist du für ein schönes Vögelchen?« Sie sprach mit ihm, blieb aber in der Körperhaltung verhalten. Keinesfalls wollte sie das Tier erschrecken. Doch tatsächlich blieb Addi weiterhin dort hocken. So dicht an dem

Vogel, das hätte sie sich nicht vorstellen können. Ganz genau betrachten konnte sie ihn nun.

Als sie es schon letztens von weitem gesehen hatte, glänzten die Federn in einer einmaligen Farbe. Es war, als wären sie aus hochglänzendem Metall, aber im Wind sah sie, wie die Federchen sich bewegten. »Meine Güte, wie schön das ist«, seufzte sie. Dann entschloss sie sich, mit Bedacht, doch die Hand nach Addi auszustrecken. Da fuhr er zusammen. Er hatte sich doch erschrocken. Diese Bewegung hätte sie wohl besonnener ausführen sollen.

Hastig zog sie die Hand zurück, aber es war bereits zu spät. Ein kleiner gezwitscherter Ton aus dem Schnabel und schon flatterte er aufgeregt davon. Für diesen Tag ließ er sich leider nicht mehr blicken. Ach, das hatte sie nicht gewollt. In Gedanken schickte sie ihm noch ein »Tut mir leid, das wollte ich nicht« hinterher. Aber was geschehen war, war passiert. So war das halt.

Am nächsten Sonntag wartete sie ungeduldig. Würde Addi wiederkommen? Oder hatte sie ihn endgültig verjagt? Aber sie brauchte keine Sorge zu haben. Pünktlich zur Mittagszeit war er wieder zur Stelle. Die gleiche Zeit und derselbe Ort. Sie hatte ihn bereits anflattern gesehen und freute sich riesig darüber. »Oh, mein Freund, da bist du ja wieder. Heute bewege ich mich langsam, ich werde dich nicht noch einmal erschrecken«, erklärte sie ihm. Und wiederum setzte er sich auf die Fensterbank und blieb auch hocken, nachdem sie das Fenster geöffnet hatte.

Sie hatte sich diesmal bestens vorbereitet. An das Fenster hatte sie einen Stuhl gestellt, auf den sie sich nun setzte. Damit strahlte sie mehr Ruhe aus, als wenn sie stehen würde und vielleicht ins Wanken käme.

Neuerlich war das Vögelchen ganz dicht in ihrer Nähe. Abermals konnte Maria Addi intensiv betrachten. Sie wollte sich alles genau merken, um später aus dem Gedächtnis den Vogel zu zeichnen. Das Malgerät hatte sie sich bereits ins Wohnzimmer parat gelegt. »Aber zuerst genau ansehen«, ermahnte sie sich.

Als wenn Addi dies gewusst hätte. Er flog nicht zum Fressen, sondern blieb auf der Fensterbank. Hin und wieder drehte er sich, sodass Maria ihn wirklich von allen Seiten in Ruhe betrachten konnte.

»Also wirklich, was bist du schön«, wiederholte sie. »Ich würde dich irgendwann einmal gerne anfassen. Was meinst du dazu?«, erklärte Maria. »Aber ich habe verstanden, dass dies vielleicht noch einige Zeit dauern wird. Aber ich gebe jedoch die Hoffnung nicht auf. Eines Tages wirst du auf meiner Hand sitzen. Und dich auch wohlfühlen«, setzte sie noch nach.

Nochmals hatte sie den Eindruck, als könnte Addi die Worte verstehen. Aufmerksam hatte er ihr gelauscht. Jetzt genau, in diesem Moment, setzte er sich aufrecht vor sie hin, legte, wie schon mehrmals geschehen, den Kopf etwas schräg und blinzelte sie an. Ihr kam es vor, als lächelte er mit den Augen. Es blitzte kurz in den Augen auf. Dann, als wenn sie es bereits gespürt hätte, ruckte er kurz, zuckte, flatterte mit den Flügeln, schwang sich auf und flog davon.

»Tschüss, bis zum nächsten Mal«, rief sie ihm hinterher. Ob er es gehört hatte? Sie war sich nicht sicher. Aber sie merkte, dass sie immer mehr Wert auf eine Kommunikation mit dem Tier aus war. Ja, sprechen wollte sie mit ihm. »Vielleicht versteht er mich tatsächlich«, mutmaßte sie. Dann schloss sie schnell das Fenster, denn die eisige Dezemberkälte machte sich bereits im Zimmer breit.

Schnell eilte sie zum Tisch, hockte sich hin und begann das Tier zu zeichnen. Lange genug hatte sie das Federkleid betrachten können. So fiel es ihr leicht und alsbald konnte sie befriedigt auf ihr Ergebnis schauen. »Toll geworden«, fand sie. »Ich habe ihn genau getroffen. Jetzt noch schnell das Datum unter die Zeichnung gesetzt und meinen Namen. Dann ist alles perfekt. Ach ja, seinen Namen natürlich auch, nun ist alles vollständig.« Damit nahm sie die Zeichnung und verwahrte sie gut in ihrem Schreibtisch.

Zu ihrer Freude wiederholte sich dieses Treffen nun jeden Sonntag. Sie hatte diesen Vorgang schon fest in ihren Tagesplan mit aufgenommen. Und sie sehnte sich auch nach diesem Ritual. Es war, als wenn ein guter Freund jedes Mal zu Besuch kommt. Sie wollte dies nicht mehr missen.

Einige wenige Male hatte sie den Mut gefasst und die Zeichnung einigen Freunden gezeigt. Aber die hatten lediglich den Kopf geschüttelt. Nein, solch einen Vogel hätten sie noch nie gesehen. Und nein, das könnte nicht real sein. Da sei sie wohl eher von ihrer Fantasie geleitet worden. Das gebe es in Wirklichkeit nicht. Nach mehrerer solcher Aussagen hatte sie darauf verzichtet, dies ihren Bekannten zu beteuern, dass es das Tierchen wirklich gibt.

Sicher, es wäre ein Leichtes gewesen, diese an einem Sonntag einzuladen und ihnen den »bunten Vogel« in natura zu zeigen. Aber sie hatte sich gedacht, es müsste einen Grund geben, dass man ihr, auch ohne Beweis, nicht Glauben schenken wollte. Ein bisschen trotzig, vielleicht. Aber so sollte es vielleicht sein? Nun würde sie dieses Erleben eben alleine haben. Ganz für sich allein, mit niemandem teilen.

Und wirklich, regelmäßig erschien Addi sonntags, um sie zu besuchen. An einem sonnigen, aber kalten Februartag passierte etwas Außergewöhnliches. Wie immer war er pünktlich zur Stelle, als sie ihn wieder ansprach.

»Ach, wenn ich nur wüsste, wo du herkommst«, murmelte sie. »Du kommst sicher aus einem Zauberwald mit Zaubervögeln.«

»Gar nicht mal so schlecht geraten«, bekam sie zur Antwort. »Ich komme tatsächlich aus einem Zauberwald.«

»Tatsächlich?«, fragte sie nach. Dann stutzte sie plötzlich. »Jetzt geht es los«, dachte sie verschreckt. »Ich höre bereits Stimmen. Ich dachte schon, du hättest mir geantwortet. Ich sollte wohl nicht so lange alleine wohnen, da wird man wohl wunderlich.«

»Was ist denn los?« erkundigte sich Addi. »Ich dachte, die wolltest dich immer mit mir unterhalten«, nörgelte er und hüpfte aufgeregt von der einen Fensterbankseite zur anderen. »Jetzt spreche ich mit dir und es ist auch nicht recht«, flachste er. Und an der Tonlage konnte sie erkennen, dass er nicht wirklich böse über ihr Verhalten war. Er hatte mit dieser Reaktion natürlich gerechnet. Schließlich hatte er zum ersten Mal mit ihr geredet. Was sollte denn das aufgeregte Mädchen sonst machen, als erstmal erstaunt und erschrocken zu sein.

»Nun reiß dich mal zusammen«, versuchte er es erneut. »Hast du dich noch nie mit einem Vogel unterhalten?«

Maria klapperte vor Erstaunen mit den Augenlidern. Träumte oder wachte sie? Sie war ganz benommen. »Ich …« Sie räusperte sich und versuchte es erneut. »Ich habe mich noch nie mit einem Vogel unterhalten können. Nein, wenn du es genau wissen willst. Ich bin mir auch gar nicht sicher, ob ich das hier träume oder es echt ist.«

»Dann versuch es doch einfach erneut«, entgegnete Addi. Frag mich was. Und wenn du sicher sein willst, dass du nicht träumst, so kann ich dich mal kneifen, besser, ich picke dich mal mit meinem Schnabel«, sagte es und tat es im selben Moment.

»Au«, erschreckte sich Maria und zuckte zurück. »Lass das, das tut weh«, rief sie empört und rieb sich den Unterarm. Schon konnte man eine kleine rote Stelle auf der Haut sehen, wo Addi sie angepickt hatte. Der Vogel kicherte, so hörte es sich an.

»Na siehst du, du träumst nicht. Alles Realität. Und jetzt frag mich all die Sachen, die du schon immer von mir wissen wolltest.«

»Ja, ähm«, kam es von Maria. All ihre neugierigen Fragen hatte sie plötzlich total vergessen. Sie starrte ihn nur an und versuchte zu begreifen. Es schien alles so surreal. Aber da sie sich immer noch den Arm rieb, war ihr klar, das alles passiert hier wirklich.

»Mh, ja«, begann sie erneut. »Ich wollte wissen, wie dir der Name Addi gefällt?«

»Och, der ist prima. Meinen richtigen Namen könntest du eh nicht aussprechen. Wir im Zauberwald haben zwar allesamt die schönsten Namen, aber die Menschen können diese nicht richtig aussprechen. Da lassen wir unsere richtigen Namen einfach weg, es tut uns sonst nur in den Ohren weh, wenn sie falsch ausgesprochen werden.«

»Aha«, das war das Einzige, was Maria als Antwort herausbrachte.

»Na gut«, meinte hingegen Addi. Wenn dir keine Fragen einfallen, so erzähle ich einfach mal von mir.« Und dies machte er dann auch. Maria war hocherfreut und lauschte hingerissen, was Addi so zu erzählen hatte. Wo er herkam, was er so erlebt hatte und wo er lange gelebt hatte. Es war total spannend. Dann allerdings, nach einiger Zeit, meinte er, »es ist Zeit aufzuhören. Genug erzählt, ich muss jetzt wieder heim.«

Und ehe sie sich richtig verabschieden konnte, flatterte er schon davon.

Damit ließ er eine noch ziemlich verdatterte und trotzdem glücksselige Maria zurück. Ach, so toll war dies gewesen. Sie wirkte fast verträumt nach diesem schönen Ereignis. Sie schüttelte zwischendurch immer wieder mal den Kopf. Es war ein grandioses Erleben gewesen und gleichzeitig fühlte es sich so fremd an.

Außerdem hatte sie ein ganz tolles Gefühl. Sie erlebte einen riesigen Energieschub im Körper. Es prickelte in den Adern, als sei eine neue Energie in ihren Körper gekommen. Das war toll. Einfach gigantisch, fand sie. Und wirklich hielt dieses Körpergefühl noch einige Zeit an. »Wie neugeboren«, dachte sie. »Davon kann ich gut etwas gebrauchen. Ich hatte schon das Gefühl, ich bekäme eine Erkältung, aber jetzt ist es mit einem Mal alles gut, nahezu perfekt. Ich bin gespannt, ob das beim nächsten Besuch des kleinen Vogels wieder passiert«, überlegte sie.

Die Woche bis zum nächsten Sonntag verging wie im Fluge für Maria. Und sie war schon ganz gespannt auf das nächste Zusammentreffen.

Diesmal hatte sie sich gut vorbereitet und einige Fragen notiert, die ihr am wichtigsten schienen.

»Wie schön, dass du wieder da bist«, freute sie sich und begrüßte ihn mit diesen Worten. »Ich habe gleich eine Frage an dich: Wie kann es sein, dass wir uns unterhalten können. Ich meine, dass ich dich verstehe?«

»Es hat mich schon gewundert, dass du mir diese Frage nicht schon beim ersten Mal gestellt hast«, antwortete Addi vergnügt.

»Also, das ist ganz einfach«, stellte er fest. Dabei hatte er sich erneut auf die Fensterbank gesetzt. Ganz ruhig verharrte er dort und sprach mit ihr. »Du bist ein hoch sensibler Mensch. Das hilft dir zum einen, mich zu sehen. Das ist die Antwort auf eine Frage, die noch nicht gestellt hast. Aber so müssen wir beginnen. Nicht jedes Menschenskind kann mich erkennen, mich sehen. Das können nur die sogenannten *Sensitives*. »Aha«, dachte Maria, »da muss ich später nochmals nachhaken, wenn ich es nicht vergesse.«

Inzwischen hatte Addi bereits weiter gesprochen. »Zum anderen funktioniert das nicht über unsere Stimmbänder. Es ist so, dass du meine Gedanken auffangen kannst. Und das hört sich dann für dich an, als würde ich sprechen. Wenn du genau aufpasst, wo hörst du mich dann?«, erkundigte er sich.

Maria durchleuchtete in Gedanken ihren Körper. »Stimmt«, rief sie plötzlich aus. »Ich höre dich gar nicht mit den Ohren! Nein, ich vernehme deine Stimme IN meinem Kopf. Ist ja toll. So funktioniert das also?«

»Ja, so funktioniert das. Ist ganz einfach. Schön, dich so strahlen zu sehen«, gab er ihr zur Antwort. Es stimmte, sie strahlte inzwischen.

»Und dann habe ich noch eine zweite, ganz wichtige Frage«, gestand sie.

»Ich freue mich ja, dich zu sehen und zu hören. Aber warum bist du zu mir gekommen? Hat das einen Grund? Einen tieferen Sinn? Dir wird ja nicht einfach nur langweilig im Zauberwald gewesen sein«, gab sie schmunzelnd an ihn weiter.

Der kleine Vogel wurde bei dieser Frage ernst. »Ja, da hast du Recht«, stellte er fest. »Es ist schon etwas Besonderes, wenn ich bei Menschen auftauchen darf. Wir im

Zauberwald dürfen, wenn wir es wollen, zu den Menschen gehen. Zu besonderen Menschen«, fügte er bedeutungsvoll hinzu. »Wenn wir jemandem helfen können oder jemanden trösten oder halt Ähnliches, so dürfen wir dies unter bestimmten Voraussetzungen tun. Dir jetzt diese Bedingungen zu nennen, würde im Augenblick zu weit führen. Aber sei gewiss, es ist eine Ehre, Besuch von einem unserer Tiere zu bekommen.« Bei diesen Aussagen glänzten seine Augen besonders dramatisch. Er schüttelte sein kleines Gefieder und sprach weiter. »Also, nun weißt du, es hat etwas zu bedeuten, wenn wir kommen. Du darfst nun von mir erfahren, warum ich dich besuche. Ich komme für eine bestimmte Zeit, um dich zu trösten, wenn du traurig bist. Um dich zu stärken, wenn du Hilfe brauchst. Das ist einer der Gründe. Der andere Anlass für meinen Besuch bei dir ist, dich glücklich zu machen.«

»Mich zu trösten, mich glücklich zu machen?« entfuhr es Maria. »In der Tat, das ist der eigentliche Grund meines Hierseins«, formulierte er präzise. »Wir reden beim nächsten Besuch mehr darüber. Wir haben ja insgesamt ein Jahr zusammen.«

»Wie? Ein Jahr?«, erkundigte Maria sich. »Was meinst du damit?«

»Diese Besuche bei den Menschen sind zeitlich festgelegt. Ich darf immer nur für ein ganzes Jahr ein menschliches Individuum besuchen. Dann muss ich wieder gehen. Länger können wir leider nicht bei den Menschen bleiben«, schloss er. »Aber dieses Jahr reicht erfahrungsgemäß aus. Dann ist alles gut. Danach kann ich gehen.«

Von den ganzen Mitteilungen hatte sie nur »gehen« behalten und wurde ganz betrübt. Der Vogel hatte dies natürlich mitbekommen und zwitscherte inzwischen fröhlich, um sie abzulenken.

»Brauchst wirklich nicht deprimiert zu sein. Ein Jahr ist eine lange Zeit. Du wirst sehen. Alles wird gut.« Sprach es und flatterte für heute wieder fort.

Natürlich war Maria danach nachdenklich, aber nicht mehr so stark betroffen wie zu Beginn des Gespräches. Der Vogel hatte Recht, es würde sich alles finden. Mit diesen Gedanken wollte sie in die neue Woche gehen.

Es war wunderbar. Jedes Wochenende kam der Vogel zu Besuch und sie hatten eine herrliche Zeit miteinander. Addi erklärte nun auch mehr Einzelheiten, was es mit seinen Besuchen bei ihr auf sich hatte. Was er mit »trösten« gemeint hatte, zum Beispiel.

»Wir wissen genau, wie es hochgradig sensiblen Menschen ergeht«, meinte er einmal. »Wir, die Tiere im Zauberwald, sind ja selbst hoch empfindsam. Jemand wie du, Maria, hat es hier in der menschlichen Welt nicht leicht. Euresgleichen werden schnell seelisch verletzt. Ihr seid fein besaitet, dafür könnt ihr nichts. Und eure Umwelt nimmt darauf leider keine Rücksicht. Da ist es schon schwierig, nicht ständig vergrämt zu sein. Und wir wissen, dass dies auch durchaus körperliche Beschwerden nach sich ziehen kann. Da wollen wir euch beistehen! Dies verhindern. Du lässt dich gut auf mich ein und hörst mir zu. Auch wenn ich weggeflogen bin, denkst du noch über unsere Gespräche nach. Dies tut dir gut. Das ist ein guter Schutz gegen die 'raue Welt da draußen', wie ihr es nennt.«

Frühling und Sommer waren vergangen. Nun war schon der Herbst da mit seinen Stürmen und letzten warmen Tagen. Die Blätter verfärbten sich bereits und man konnte den Winter schon erahnen.

Maria wurde dabei bewusst, dass nun ihre gemeinsame Zeit zur Neige ging. Sie hatte sich so sehr an den kleinen Kerl gewöhnt. Sie wollte ihn nicht gehen lassen. Addi erging es ebenso. So viele schöne Gespräche hatten sie geführt. In diesen Monaten war Maria geistig enorm gereift, das hatte er bemerkt. Nun musste er gehen und ihr noch die allerletzte Geschichte mitteilen.

»Du weißt, dass ich bald nicht mehr kommen werde«, begann er. »Ich werde dir jetzt noch eine wichtige Information geben. Höre also bitte genau zu. Am Anfang unseres Kennenlernens habe ich dir gesagt, ich werde dich nicht nur trösten und stärken, sondern auch glücklich machen.«

Sie unterbrach ihn. »Aber das hast du doch bereits getan.«

Er zwitscherte erbost dazwischen. »Bitte lass mich ausreden, damit du nichts vergisst, was ich dir offenbaren werde. Ich werde gehen und nicht mehr wiederkommen, wenn das eine Jahr verstrichen ist. Du wirst mich nicht mehr sehen, hier auf der Terrasse. Ich werde nicht mehr auf der Fensterbank herumspringen und wir werden keine Unterhaltungen mehr haben. Im Geiste bin ich bei dir, das ist keine Frage. Sichtbar erscheine ich dir nicht mehr. Aber … jetzt kommt das große Aber. Es wird einen Moment geben, da wirst du ziemlich traurig sein. Wirst nicht mehr ein noch aus wissen. Dann, ja dann werde ich wieder auftauchen. Da kannst du ganz sicher sein. Ich wiederhole, höre genau zu! Du wirst mich dann in einer ganz *anderen Form* wiedersehen. Wie, das darf ich dir nicht enthüllen. Aber wenn es so weit ist, dann halte die Augen offen. Halte nach mir Ausschau. Dann, genau dann, wirst du es definitiv wissen!«

Maria war bei diesen Worten sehr erschrocken und bleich im Gesicht geworden. War es nicht schon schlimm genug, dass Addi jetzt nicht mehr kommen sollte? Nun schilderte er derart ihre Zukunft?

Und wie aus dem Nichts fiel ihr etwas ganz anderes ein und sie platzte mit einer Frage heraus. »Du bist schon bei meiner Tante gewesen, nicht wahr?«

Überrascht über den plötzlichen Themenwechsel hatte das Vögelchen sofort genickt. »Du hast Recht«, stimmte er zu. »Ich war schon bei ihr. Auch ein Jahr lang. Eine wundervolle Zeit habe ich mit ihr verbringen dürfen. Sie war eine tolle Frau. Und schon damals habe ich von dir gehört. Sie hat geradezu geschwärmt von dir, musst du wissen. Ja«, winkte er ab, »sie hat dich nur einmal gesehen. Aber das ist doch egal. Sie hat sofort erkannt, was du für ein feiner Mensch bist. Und dass du so sensibel und feinfühlig bist, wie sie auch. Es war eine schöne Zeitspanne. Wir haben sie gut genutzt. Und als ich ihr versicherte, dass ich mich auch um dich kümmern würde, war sie von Herzen erleichtert. So, aber für heute ist es wieder genug. Du siehst erschöpft aus und solltest dich nunmehr entspannen. Wir sehen uns noch einige, zwar wenige, aber doch noch ein paar Sonntage.« Sprach es und flog zurück in seinen Wald.

Die Zeit verging wie im Fluge, so auch die Besuche und die Sonntage. Tränenreich war ihr Abschied. Auch der kleine Addi schien ein klein bisschen betrübt zu sein. Obwohl er immer wieder beteuerte, er sei *nicht* wehmütig.

»Ich habe dir gesagt, dass wir uns einst wiedersehen werden. Ich werde kein lebendiger Vogel sein in diesem Augenblick. Aber du wirst mich erkennen, da sei dir sicher«, wiederholte er die Aussagen von einst. Mehr ließ er sich nicht entlocken oder durfte er wohl auch nicht verraten.

So verschwand der kleine Vogel aus ihrem Leben. Jeden Sonntag, das konnte sie anfangs nicht ändern, lief sie zum Fenster und sah auf die Terrasse. Aber leider war kein Addi mehr zu sehen. Sie musste sich damit abfinden, dass er nicht mehr erscheinen würde. Das Herz war ihr wiederholt schwer dabei, oft nahm sie dann eine ihrer Katzen auf den Schoß und schmuste mit ihr. Das Gesicht drückte sie in solchen Momenten in das weiche Fell und sie knuddelte fest mit ihr.

Etliche Monate waren vergangen. Um in Gedanken bei Addi zu sein, rief sie sich seine fabelhaften Erzählungen der Einhörner, Elfen und Kobolde ins Gedächtnis. Addi hatte das Leben im Zauberwald prächtig beschrieben. So eindrucksvoll, dass sie oft dachte, sie hätte dies selber erlebt. Alles war ihr enorm unbekümmert und paradiesisch vorgekommen.

Daran konnte sie festhalten, wenn das Leben bei den Menschen ihr wieder enorm schwer erschien.

Ja, und es wurde wirklich nicht einfacher. Eines Tages erhielt sie Post von der Gemeinde. Erst verstand sie nicht genau, was die Obrigkeit von ihr verlangte. Sie ging zu einem Anwalt, der ihr dann den Inhalt übersetzte, sodass sie den Sachverhalt verstand.

Oh, da war der Kummer groß. Dieses Schreiben besagte, dass sie für das schöne geerbte Häuschen sehr viel Geld an den Staat zu entrichten hätte. Damals sei ein Fehler in der Berechnung der Steuer entstanden. Dafür entschuldigte man sich, aber sie müsste innerhalb einer Halb-Jahresfrist die geforderte Summe entrichten.

Das Geld hatte sie nicht. Leider. Der Anwalt jedoch bestätigte die Richtigkeit dieser städtischen Anordnung. Es würde kein Weg daran vorbeiführen, teilte er ihr mit. So leid es ihm täte. Aber diese enorme Summe müsste sie aufbringen und bezahlen, ansonsten würde das Haus, nebst Grundstück, auf dem es stehe, dem Vater Staat zufallen.

Was sollte sie nur tun? Sie war verzweifelt. Die Frist schien ihr auch viel zu kurz. Alles Mögliche hatte sie nun versucht. Sie hatte nach Ratenzahlung gefragt. Nein, darauf ließ man sich nicht ein. Sie hatte den Eindruck, dass die Obrigkeit gar kein Interesse hatte, dies Geld zu bekommen. Eher schien es ihr, als ob der Bürgermeister es selbst auf das Haus abgesehen hätte. Sein Interesse war deshalb für ein Entgegenkommen ausgesprochen gering.

Alles hatte sie versucht. Sie hatte in der Familie nachgefragt, ob ihr jemand das Geld vorstrecken könnte. »Nur leihen erstmal«, dachte sie. Damit das Haus gesichert sei. Dann hatte sie einige Möbel aus dem Nachlass veräußert, aber es langte nicht, um die hohe Summe annähernd zu erreichen. Jetzt waren es nur noch wenige Tage bis zum Stichtag. Angstvoll sah sie auf den Kalender. So wenig Zeit blieb ihr und sie hatte keine Idee mehr, wie sie das Geld aufbringen sollte.

Ein letztes Mal wollte sie es beim Bürgermeister versuchen, obwohl sie sich sicher war, dass er sich erneut verleugnen lassen würde und sie unverrichteter Dinge gehen musste, wie es schon einmal passiert war. Aber sie hatte keinen anderen Plan parat. Also zog sie sich ordentlich an und ging in die Stadt. Plötzlich hatte sie eine Eingebung. Sie würde zum Blumenladen am Marktplatz gehen und dort einen bunten Strauß Blumen kaufen. Den würde sie dann dem Bürgermeister überreichen – oder zumindest im

Sekretariat für ihn abgeben. Gedacht – getan. Sie wollte bereits den Laden betreten, als ihr Blick in die Auslage fiel.

Nein, das gibt es doch nicht! Ihr Herz schlug ihr bis zum Hals. Sie konnte nur noch in das Schaufenster starren. Da hing, als Dekoration gedacht, ein kleines Vogelbauer. Und in diesem Bauer saß ein kleiner Vogel. Nicht irgendein Vogel! Er sah Addi zum Verwechseln ähnlich. Sie zitterte am ganzen Leib. Konnte es denn sein? So eine Ähnlichkeit? Sie schaute genauer hin. Nein, dieses Tierchen lebte nicht. Es war also kein richtiges Lebewesen, sondern eher ein gebasteltes Tier. Aber enorm plastisch. Man meinte, jeden Moment würde er mit den Flügeln schlagen und von einer Stange zur nächsten hüpfen. So echt sah alles aus. So enorm figürlich und dreidimensional dargestellt, dass sie »Addi« rief und naturgemäß keine Antwort bekam.

Sie schaute noch angestrengter in den Blumenladen. Nun erkannte sie weitere Einzelheiten. Der Vogel schien aus Holz geschnitzt. Die Federn waren ausgesprochen akkurat gearbeitet und schillerten in denselben Farben, wie sie es von dem »richtigen« Addi kannte. Grandios und schillernd, geradezu prachtvoll war der Vogel gearbeitet worden. Sie erkannte nun selbst die einzelnen Federchen. Sie seufzte. Genauso, wirklich genauso war Addi gewesen.

Sie erinnerte sich genau an den Tag, als sie ihn in Ruhe und von ganz Nahem hatte beschauen dürfen. Bläulich wie Stahl war er gewesen und die Farbe hatte sich bei jeder Bewegung leicht verändert, so schien es ebenfalls hier zu sein. Das Orange am Bauch, auch hier fand sie die Farben wieder. Die Augen in dem Hellblau trafen auch genau zu. So hatte Addi ausgesehen, ja. Und nicht zu vergessen die extrem langen Schwanzfedern in der Farbe Purpur. Auch sie waren eindeutig und präzise getroffen.

Dann plötzlich fielen ihr die Worte von Addi ein. Sie würde ihn wiedertreffen, hatte er vorausgesagt. Das schien der Moment zu sein. »Hier hatte das Schicksal getroffen«, dachte sie.

Den Blumenstrauß hatte sie vergessen. Sie betrat den Laden, aber sie wollte nur den gebastelten Vogel erstehen. Und dies ging leichter als gedacht. Denn als der alte Herr, der Inhaber, ihr strahlendes Gesicht sah, konnte er nicht nein sagen. Er sah ihre geröteten Gesichtszüge und sagte spontan zu. Ja, sie dürfe das Gestell nebst Vogel kaufen. Er selbst hatte das Dekorationsstück zwar auch lieb gewonnen vom ersten Anblick an, aber sie dürfe ihn haben. Wenn es sie glücklich machte? Und sie bestätigte dies. Ja, sie sei überglücklich, das Tier zu erstehen. Näheres führte sie nicht aus, brauchte sie auch nicht. Für kleines Geld durfte sie ihn sofort mitnehmen.

Und so geschah es, dass Maria alles um sich vergessen hatte und strahlend mit ihrem »neuen« Addi nach Hause lief. Selig stellte sie den Vogelbauer auf den Wohnzimmertisch und setzte sich davor. Dann fiel ihr etwas ein. Sie sprang auf, lief zum Sekretär und zog die Schublade auf. Wirklich, da lag die Zeichnung, die sie einst von Addi gemacht hatte. Schnell lief sie wieder ins Wohnzimmer und verglich beides miteinander. »Volltreffer«, dachte sie. Alles stimmt haargenau. Sie öffnete das Türchen und zog das Tier vorsichtig heraus. »Oh, du bist aber schwer geworden«, rief sie aus. »Was ist denn mit dir passiert? So massiv warst du doch einst nicht.«

Sie bewegte das Tier vorsichtig in der Hand. »Was ist denn das?« Sie runzelte die Stirn. Vorsichtig wiederholte sie die Handbewegung. »Da ist doch was drin.« Sie besah sich den Vogel genauer. Und tatsächlich, vorne am Bauch, kaum sichtbar, aber sie hatte es mit den Fingerspitzen erfühlt, da war ein Scharnier.

Achtsam schob sie mit den Fingernägeln das Scharnier auf. Sofort löste sie eine kleine Platte und sie konnte den Inhalt erkennen. Kleine Diamanten sah sie. »Du meinte Güte, das ist ja ein Vermögen wert«, entfuhr es ihr.

»Das ist ja irre. Das hat der Blumenhändler mir nicht gesagt. Ich muss das gleich zurückbringen.« Denn dass sie das nicht behalten konnte, war ihr klar. Sofort stand sie auf, packte alles wieder ein und lief zum Blumenhändler zurück.

Völlig abgehetzt erreichte sie das Geschäft kurz vor Ladenschluss.

Der alte Herr schien nicht mehr anwesend zu sein, dafür aber ein junger Mann.

Sie wolle das Vögelchen zurückbringen, meinte sie zu ihm. Er schien eher genervt zu sein und ließ sie nicht ausreden.

Nein, wenn sie etwas gekauft hätte, so sei das erledigt. Wenn sie nicht zufrieden sei, so sei das ihr Problem. Und überhaupt, er wolle nicht weiter zuhören. Auch würde er sich sehr wundern, denn heute war nur eine weibliche Angestellte im Laden gewesen. Und ein älterer Mann? Nein. Früher hätte das Geschäft mal seinem Vater gehört, doch der sei schon lange tot. Das könne alles nicht sein. Sie möge doch bitte gehen, er möchte nichts weiter von dem angeblichen Kauf wissen. Als sie noch verzweifelt den älteren Verkäufer beschrieb, meinte er argwöhnisch: »Sie wollen mich wohl auf den Arm nehmen? Genauso sah mein alter Herr aus, aber wie gesagt, der ist schon lange tot. Vielleicht kennen Sie ihn von früher? Aber bitte veralbern Sie mich nicht. Er liegt hinten auf dem Friedhof, in der

Nähe des sogenannten Zauberwäldchens.« Außerdem hatte er damals auch das kleine Versteck und Scharnier entdeckt. Auch er hatte es einst geöffnet, aber es sei leer gewesen. Von einem Inhalt wisse er nichts, und sie solle es nun gut sein lassen und ihn nicht länger bedrängen! Wenn sie etwas darin entdeckt hätte, nun gut, dann solle sie es behalten. Eher dachte er aber, dass Maria nicht ganz bei Trost und vielleicht eher krank im Kopf sei.

Damit gebot er ihr, nun endlich sein Geschäft zu verlassen. Er ließ es an Deutlichkeit nicht fehlen, hatte sein Gesicht zu einer bösen Fratze verzogen und wedelte mit der Hand, sie solle schnell endlich verschwinden.

Eilig und verschüchtert verließ sie also den Laden, in den Händen den Vogelbauer samt geschnitztem Piepmatz.

»Dann soll es wohl so sein«, überlegte sie. »Ich habe alles versucht. War ehrlich und wollte den Fund zurückbringen. Mehr kann ich nicht tun. Vielleicht soll es so sein«, vermutete sie.

Langsam machte sie sich nun ein zweites Mal auf den Heimweg. Ihr fielen die vielen Besuche des Vögelchens ein. Ganz wehmütig wurde ihr dabei. Jedoch meinte sie nun, die Stimme von Addi zu hören. Sie hörte ihn inzwischen ganz deutlich.

»Ja, du hast Recht, liebe Maria. Das gehörte auch zu dem Plan dazu. Zum einen, dich für das Leben zu stärken und dir für ein Jahr beizustehen. Bis du alles alleine meistern kannst. Auch wenn es manchmal schwer fällt, sich so durch das Leben zu beißen, wie ihr es oft nennt. Und du bist in dem Jahr, in dem ich bei dir war, wahrlich stark geworden. Du kannst alles schaffen, was du möchtest und was gut für dich ist. Und du selbst entscheidest – und weißt –, was gut für dich sein wird. Verlockungen wirst du immer ausgesetzt sein, so ist das menschliche Leben. Aber du wirst stets den richtigen Weg wählen, sollte er auch mal steinig sein. Das weißt du alles – ganz innen drinnen, in deiner Seele.

Zum anderen: Ja, auch dieses Geschehen war so geplant. Du hattest Schwierigkeiten, hast dich aber nicht unterkriegen lassen. Einst hatte ich dir vorhergesagt, dass du mich wiedersehen wirst, aber total anders. Und siehe, so ist es geschehen. Du hast jetzt dieses Vögelchen in der Hand. Es sieht aus, wie ich einst ausgesehen hatte, als ich dich immer besuchen durfte.

Ebenfalls hast du die Prüfung bestanden – du wolltest den Reichtum zurückgeben. Du brauchst also kein schlechtes Gewissen haben! Dieser Schatz gehört dir. Dir alleine. Und du hast ja schon eine Idee. Ja, nutze dieses Geld und behalte damit dieses schöne Haus. Es ist für dich und deine Tiere gedacht. Für alles, was momentan hier wohnt und noch kommen wird.

Behalte mich weiterhin in deinem Herzen. Wenn du mich anschaust, auf dieses kleine gebastelte Tier schaust, dann bin auch ich bei dir. Das ist ein Versprechen. Mache es gut.«

Und damit wurde die Stimme leiser und verstummte schließlich ganz.

Zurück blieb eine glückliche Maria. Sie setzte alles in die Tat um und …

Wenn sie nicht gestorben ist, so lebt sie noch immer in diesem schönen Haus.

Das glanzvolle kleine Licht

Es war einmal ein kleines Licht. Das wohnte mit seinen Eltern und Geschwistern in ziemlich ärmlichen Verhältnissen.

Das Familienoberhaupt verdiente sein Geld als Flutlicht in einem namhaften Fußballstadion und die Mutter war eine ausnehmend schöne Neonröhre in einer Seifen-Werbeanzeige. Die Geschwister hatten kleine, aber angesehene Berufe. Ewald, der älteste, war eine Deckenleuchte in einem alten Herrenhaus. Sein Zwillingsbruder Eduard war ein Wandfluter in einer winzigen Bildergalerie. Die mittlere Schwester Adelheid hingegen leuchte als indirektes Licht in einem Wohnstudio. Dann war da noch Hilde, die Lampe an einem Bücherregal eines Schriftstellers. Und selbst der andere Bruder Willi machte sich als Weihnachtsdekoration am Baum gut. Zum Schluss kam da noch die letzte Schwester – sie konnte als runde Gartendeko-Lampe schön dimmen.

Nur das kleine Licht war der Letzte in dieser Reihe. Es trug seinen Namen zu Recht, es war nämlich wirklich sehr, sehr klein. Es war das sogenannte Nesthäkchen. Aber als solches noch lange nicht so geliebt. Ganz im Gegenteil.

Die Eltern waren, wie gesagt, sehr arm und wussten oft nicht, wie sie die Kinderschar ernähren sollten. Und wenn dann zuletzt das kümmerliche kleine Licht an den Esstisch kam, waren die Teller oft schon leer. So hungerte das kleine Licht dutzendfach und weinte sich auch vielfach in den Schlaf.

Wieder einmal hatte es einen solchen Abend gegeben, als das kleine Licht – durch die Wand zum Wohnzimmer –

zufällig der Unterhaltung der Eltern lauschen musste. »Wir können nicht mehr alle Kinder ernähren«, sagte der Vater traurig. »Was sollen wir nur machen«, setzte er noch dazu. Das kleine Licht hörte die Mutter leise weinen. »Es wäre besser, wenn das kleine Licht einschlafen und nie mehr wach würde«, schniefte sie.

Das kleine Licht konnte es nicht fassen. Was redeten die Eltern da gerade? Sie wollten den Tod des kleinen Lichtes? »Ich weiß beim besten Willen nicht mehr weiter«, hörte sie erneut den Vater murmeln. »Es ist zu klein und zu nichts nütze.« Wohl war ihm offensichtlich nicht bei dieser Unterhaltung, nichtsdestotrotz ließ sich die Wahrheit nicht verheimlichen. Man wollte das kleine Licht nicht mehr haben. Sprach ihm jeglichen Nutzen ab.

Entsetzt hatte das Kind der Unterredung gelauscht. Vor Schreck hatte es sogar aufgehört zu weinen. Das würde nun auch nicht mehr helfen, soviel war klar.

Das kleine Licht wälzte sich die nächsten zwei Stunden unruhig hin und her. Es konnte ja auch nicht mit seinen Geschwistern reden. Die hätten den Eltern eher zugestimmt. Nur damit sie selbst weiterhin genügend zu Essen bekämen. Das ging also nicht. Es musste selber eine Lösung finden.

Plötzlich fällte es eine Entscheidung. Leise stand es auf, schlich zur Tür und schlüpfte hinaus. Es musste weg aus diesem Hause, das war ihm klar geworden. Lieber alleine gehen, als der Entscheidung der Eltern ausgesetzt sein.

Jetzt war es also um Mitternacht und kaum war das kleine Licht einige Meter in den Wald gelaufen, war es nicht mehr zu sehen, so stockdunkel war alles ringsherum. Es hatte Angst. Hier war es noch nie alleine gewesen, geschweige denn in der Nacht. Die verschiedensten Geräusche nahm es augenblicklich wahr. Hier knackte ein Zweig, dort raschelte irgendwo ein Tier im Gebüsch. Angst machte sich breit, aber es half nichts, zurückgehen war keine Option.

Ob die Tiere im Wald helfen würden? Kaum hatte es diesen Gedanken gefasst, als es in der Schwärze der Nacht fast über ein Rehkitz stolperte, welches zusammengerollt in einer Art Kuhle neben einem Baumstamm lag.

»Oh, liebes Rehkitz, darf ich bei dir übernachten? Ich bin von zu Hause ausgerissen, weil sie mich nicht mehr haben wollen. Mir ist so kalt und ich habe auch so viel Angst hier im Wald«, sprach es zu dem Tier.

»Um Gottes Willen, geh bloß weg von mir!«, rief das Kitz entsetzt aus. »Mit deinem Licht lockst du nur den Wolf an und der wird mich fressen! Geh schnell weg, nur weg von mir«, rief es voller Verzweiflung.

Da lief das kleine Licht voller Panik davon. Über Stock und Stein und über Unterholz und Baumwurzeln, bis es erschöpft stehen bleiben musste und nach Luft rang. Das hatte es nicht gewollt. Jemanden derart zu erschrecken. Aber da es so schnell gerannt war, wusste es überhaupt nicht mehr, wo genau im Wald es sich befand. Pechschwarze Nacht war es und wirklich extrem, bitter kalt. Es zitterte am ganzen Leib.

Da, was war das? Dicht daneben raschelte es im Laub. Oh, eine kleine Feldmaus war das. Na, die traute sich ja was, so mitten in der Nacht. »Hey, kleine Maus, ich bin ganz alleine hier und kenne mich nicht aus. Kann ich bei dir übernachten, bis es Tag wird und ich vielleicht den Weg aus dem Wald erkennen kann?«

Erschrocken fuhr die Maus zusammen. Sie hatte vor lauter Aufmerksamkeit auf eine Nuss das kleine Licht völlig übersehen.

»Nein!«, kreischte das Nagetier fassungslos. »Bleib mir vom Leib. Dein Licht ist zu hell für mich. Da sieht mich die Eule. Und die wird mich fressen wollen. Hau bloß ab«, erwiderte die Maus und rannte in Panik davon.

Enttäuscht blieb das kleine Licht zurück. Völlig erschöpft ließ es sich genau an diesem Platz nieder. So hockte es immer noch, als sich ein Fuchs durch das Unterholz seinen Weg bahnte. »Was machst du denn hier?«, fragte der Fuchs. »Und wer bist du denn? Ich habe dich hier noch nie gesehen?«

»Ach«, antwortete das kleine Licht. »Ich bin von zu Hause fortgelaufen, die wollten mich dort nicht mehr. Und nun bin ich hier im Wald. Mir ist kalt, ich friere und suche einen Platz zum Schlafen.«

»Aha«, meinte Reinecke Fuchs. Langsam umrundete er dabei das kleine Ding. «Bist du denn schmackhaft?«, fragte er leise, eher zu selbst. Aber dies hatte das kleine Licht gehört. Bestürzt riss es die Augen auf. »NEIN, ich bin absolut nicht schmackhaft«, entgegnete es empört. »Lass ja dein Maul von mir, ich bekomme dir eh nicht. Wahrscheinlich werde ich in deinem Bauch weiterleuchten!« Diese Antwort war dem Licht gerade noch rechtzeitig eingefallen.

»Ja«, setzte es bestimmt hinzu. »Ich werde in deinem Bauch weiter leuchten und du kannst gar nichts dagegen tun. Aber so wirst du dich nicht mehr an andere Tiere anschleichen können, weil sie dich alle sehen werden. So leuchten wirst du!« beendete es, inzwischen stolz und mit erhobenem Haupt, den Satz.

Und wirklich, dies zeigte Wirkung bei dem Wildtier. »Ist ja schon gut«, beruhigte er. »Ich lasse dich in Ruhe«, versicherte er und verschwand leise im Dickicht. Völlig entkräftet ließ das kleine Licht den Kopf hängen. »Gerade noch mal gut gegangen«, dachte es. »Das hätte schief gehen können.« Wie viel Gefahren hier doch im Wald lauerten?! Wäre es lieber zu Hause geblieben. So schlimm wäre die Entscheidung der Eltern mutmaßlich doch nicht ausgefallen, überlegte es.

Bevor es weiter nachdenken konnte, hörte es erneut ein Geräusch. Oh je, was war das jetzt? Ein Bär vielleicht? Eine Schlange? Gab es hier überhaupt Schlangen?

Es spitzte die Ohren, da, abermals das gleiche Geräusch. Nur viel näher. »Ich werde mich einfach tot stellen«, überlegte es. Einfach nicht bewegen. Vielleicht würde dann die Gefahr vorübergehen? Da kam auch bereits ein großes Tier aus dem Gehölz heraus. Fürchterlich sah es aus. Riesig kam es ihm vor und hatte schwarze Streifen auf dem weißen Kopf. Einen ziemlich langen Kopf, wie das kleine Licht fand. Der Rest des Körpers war mit grauem Fell überzogen und sehr imposant.

Doch wie die Furchtsamkeit gekommen war, so verschwand die Scheu urplötzlich wieder. Was hatte es schon alles überstanden in den letzten Stunden. Viel schlimmer könnte es wohl nicht werden, dachte es bei sich und fasste Mut.

»Hallo, wer bist du?«, fragte es. Erstaunt blieb das große Tier stehen, sah sich langsam um und entdeckte dann das Kleine. »Ich werde Dachs genannt«, grummelte es leise und auch nicht unfreundlich.

»Und wer bist du?« Wieder erzählte das kleine Licht seine Geschichte. Und vollendete dann noch: »… und keines der Tiere hier im Wald will mir helfen, alle haben entweder Angst vor mir und meinem Licht oder wollen mich fressen. Aber ich schmecke nicht«, fügte es noch trotzig und sicherheitshalber hinzu.

»Ach, weißt du was?«, brummte der Dachs mit seiner sonoren sympathischen Stimme. »Ich habe ein Einsehen mit dir. Ich möchte dich nicht fressen und Scheu vor deinem Licht habe ich auch nicht. Ich mache dir einen Vorschlag. Ich bin eh müde. Ich werde mich einfach auf dich drauf legen, ich bin dazu groß und breit genug. So brauchst du keine Angst vor Fressfeinden zu haben, bist geschützt und ich habe es schön warm unter meinem Bauch. Was hältst du von diesem Vorschlag?«

Das kleine Licht überlegte kurz. Das hörte sich gut an. Und am nächsten Morgen würde es versuchen, aus dem Wald herauszukommen, um in die nächste Siedlung zu gelangen. »Einverstanden«, erklärte das kleine Licht, »so machen wir das. Und vielen Dank dafür.« Und so geschah es und die beiden hatten eine herrliche, sorgenfreie Nacht.

Am nächsten Morgen setzte das kleine Licht seine Gedanken in die Tat um. Es bedankte sich bei dem Dachs und gelangte tatsächlich aus dem Wald auf einen Weg, der in die nächste Ortschaft führte.

Bereits abends konnte es die Stadt betreten. Die kannte es bisher nur aus Erzählungen der Eltern. Es war wirklich toll. Überall gab es herrliche Dinge zu bestaunen. So viele Glühbirnen leuchteten alles taghell aus. Und viele Leuchtkörper blinkten noch dazu. Fast war es zu viel für das kleine Licht.

Und wirklich, bereits nach kurzer Zeit war dies nicht mehr zum Aushalten. Überall flimmerte, funkelte und glühte es. Diese ganze Helligkeit, das war entschieden zu viel. Alles schien zu schwirren, zu zucken, zu blinkern und zu flirren. Wer sollte denn dies ertragen? Wohin es auch schaute, überall blendeten und loderten die verschiedensten Lampen. Es flackerte, schien zu prasseln und zu blitzen. Viele bunte Gläser schienen *zu* prunkvoll und einfach zu schillernd. Es glänzte, irisierte und flammte in einem Rhythmus, dem das kleine Licht nicht mehr folgten konnte. Dies war mehr, als sich aushalten und ertragen ließ.

Es konnte ja nicht wissen, dass dies um die Weihnachtszeit immer so auf der Hauptstraße geschah und sogar gewollt war. Dieses Brillieren und Glitzern inszenierten die Einwohner bewusst.

Aber diese Lichtflut, diese Leuchtkraft und die Lichtkegel konnte das kleine Licht nicht verkraften. Es tat in den Augen weh, es musste hier unbedingt, und vor allem schnell, heraus.

Fast schwindlig wurde dem kleinen Licht. Es rutschte aus und schlug lang hin. Au, das hatte wehgetan. Völlig benommen blieb es am Straßenrand liegen. Es hielt sich die Hände vor das Gesicht. Nur nicht mehr diesem vielen Licht ausgesetzt sein.

In diesem Moment kam ein Mann mit einem langen roten Mantel vorbei. Einfach gekleidet, aber sauber und adrett. Er hatte das kleine Licht entdeckt und bückte sich jetzt herunter.

»He, wen haben wir denn da?«, fragte er und nahm das kleine Licht in die Hand. »Du bist aber ein hübsches Licht.« Das kleine Licht war starr vor Angst. Es bewegte sich nicht. Die Furcht war lediglich am aufgeregten Flackern zu merken. Irgendwie hatte der Mann dies aber trotzdem erraten und meinte leise: »Du brauchst keinen

Schauder vor mir zu haben. Auf so einen kleinen Schatz wie dich habe ich schon lange gewartet.«

Das kleine Licht hörte genau zu. »Kleinen Schatz« hatte der Mann es genannt. Das klang vielversprechend. Und der Mann hatte erneut die Stimme erhoben.

»Nein wirklich, ich meine es gut mit dir. Ich bin kein reicher Mann. Wirklich nicht. Wir besitzen nicht viel. Zugegeben, wir sind arm, aber gut zu jedermann. Ich habe eine kleine Tochter und die hat immer Angst im Dunkeln. Du könntest ihr nachts helfen, indem du dein kleines sanftes Licht leuchten lässt. So kannst du ihr die Angst vertreiben und darfst dafür bei uns leben. Ich hätte schon längst ein solches Licht für sie gebraucht, aber uns fehlte das Geld dafür.«

Bei diesen Worten hellte sich das kleine Licht ein bisschen auf. Die Beklommenheit fiel völlig ab. Die Verkrampfung und Unsicherheit verloren sich binnen kurzem. Vor Aufregung begann es sogar rosa zu leuchteten. Das klang ganz toll. Ja, das würde es gerne tun.

Und so wurden sich die beiden handelseinig. Der Mann nahm das kleine Licht und verstaute es in seiner Tasche. Zu Hause angekommen, nahm er es wieder heraus und zeigte es zunächst seiner Frau. Auch die war hellauf begeistert und freute sich. Das war das, was sie schon lange für ihre Tochter gewollt hatten. Ein kleines, zartes Licht, welches nachts ein bisschen Helligkeit gibt. Somit könnte die Angst der Tochter vor der Dunkelheit der Nacht sicher gelindert werden. Die kleine Tochter Elsbeth wurde gerufen und die beiden wurden einander vorgestellt.

Ach, die Freude war riesig bei beiden Beteiligten! Das konnte ihnen beiden helfen. Und tatsächlich, von dieser

Nacht an leuchtete das kleine Licht im Zimmer des kleinen Mädchens und beide fühlten sich wohl.

Das Mädchen hatte von nun an keine Angst mehr und wenn es nachts aus wilden Träumen aufwachte, so konnte sie gleich zum kleinen Licht sehen und alle Ängste waren wie weggeblasen. Nie wieder angstgebadet aufwachen, das half Elsbeth und so wuchs sie ohne Furcht auf.

So gingen die Jahre dahin und aus dem Kind wuchs eine Erwachsene, eine junge Frau heran. Nun begann aber das kleine Licht sich Gedanken zu machen. Was würde passieren, wenn es nicht mehr gebraucht würde?

Doch es brauchte keine Befürchtungen haben. Eines Tages kam Elsbeth und sprach: »Du hast mich immer in meinen Nächten begleitet, nie mehr musste ich Bange sein in der Nacht. Dafür danke ich dir sehr! Als Gegenleistung werde ich dich mitnehmen, wenn ich jetzt bei den Eltern ausziehe. Zuerst werde ich dich, wie es hier der Brauch war, jeden Abend durch die Nacht leuchten lassen. Außerdem gründe ich demnächst eine eigene Familie. Und ich werde sicher Kinder bekommen. Dafür bist du genau richtig. Du darfst bei mir bleiben, wenn du das möchtest!«

Und ob das kleine Licht das wollte! Es war also doch zu etwas Nütze!

All die Vorwürfe der Geschwister, von den Eltern und Lehrern waren vergessen. Jeder hatte seine Aufgabe im Leben! Eine sinnvolle Tätigkeit, die hilfreich war und auch noch Spaß und Freude machten konnte. Das kleine Licht war selig.

… Und wenn es nicht ausgegangen ist, so leuchtet es noch heute.

Ein Wunder-volles Tagebuch

1. Wie es begann

Seit einigen Tagen schon ging Britta immer wieder diesen Weg von der Schule nach Hause. Dieser führte sie nämlich an einem tollen Geschäft, einem Antiquariat, vorbei.

Auch heute wählte sie diese Strecke auf dem Nachhauseweg. Abermals konnte sie es kaum erwarten, in die Auslage dieses Geschäftes zu gucken. Ganz links, fast in eine Ecke gedrängt, lag es. Das, was sie unaufhörlich anschauen musste. Ein kleines Buch war es. Aber nicht irgendein Schmöker oder ein abgegriffenes, abgewetztes Taschenbuch. Nein, es war ein, wie es aussah, wunderschönes Tagebuch. Ein Buch, ca. zehn mal zwanzig Zentimeter groß und einem herrlichen Bild auf der Vorderseite. Man konnte dort ganz deutlich einen Wolf erkennen. Gemalt, aber so gut getroffen, dass er fast echt wirkte. Daneben war noch das Bildnis eines Mädchens zu sehen. Und dieses schien ihr ziemlich ähnlich zu sein.

Sie konnte sich nicht satt sehen. Jedes Mal betrachtete sie den prächtig wirkenden Einband. Erst beim zweiten Mal hatte sie überhaupt bemerkt, dass sich noch ein kleines Vorhängeschloss an der Seite befand. Sie konnte nicht anders, sie hatte sich vor Aufregung die Nase an der Schaufensterscheibe platt gedrückt.

Der Inhaber, ein älterer Mann, scheinbar mit indianischen Vorfahren, hatte das Kind bereits beim ersten Besuch entdeckt. Ihm war klar, was sich im Innern des Mädchens abspielte. Dafür brauchte er kein Hellseher zu sein. Er konnte es am Gesicht der Kleinen leicht ablesen. Sicher wollte sie das Buch gerne haben, traute sich aber nicht in sein Geschäft. Er hatte da so eine Idee. Aber er wollte sicher sein, bevor er seine Gedanken in die Tat umzusetzen gedachte.

Und wirklich, das Schulkind kam ständig an seinem Laden vorbei.

Nun war ihm klar, was zu tun war. Absichtlich hatte er dieses Buch in der Auslage ohne ein Preisschild versehen. Es war gewissermaßen kein richtiges Buch. Es lag ein Geheimnis darin verborgen. Und nur die richtige Person sollte Zugang zu diesem Tagebuch haben. Eine sozusagen ausgewählte Person musste es sein. Welche, das hatte der Indianer, der er wirklich von seiner Herkunft war, in einer Vision geschaut. Zudem hatte er eine Ahnung, ein Gefühl gehabt, dass er rechtzeitig im Inneren spüren würde, wenn diese Person erscheinen würde. Und dies war nun mit Sicherheit geschehen. Dieses unscheinbare Mädchen musste es sein. Er hatte es verspürt. Ein Blick auf das Buch hatte ihn hierin bestätigt. Das Buch hatte sich für ihn als Betrachter leicht bewegt. Also nicht nur das Mädchen hatte auf das Buch reagiert, sondern das Betrachtete auch auf sie.

Ganz ungewöhnlich war dies gewesen, das hatte der Indianer noch nie vorher erlebt. Ein sicheres Zeichen, das hier gegeben wurde. Ja, das Buch hatte gezuckt. Und auch der Wolf auf der Vorderseite hatte wunderbar reagiert. Ganz leicht nur, kaum sichtbar. Aber er, der alte Mann, hatte es wahrgenommen. Die Barthaare des Wolfes hatten sich bewegt. So, als würde jemand mit der Hand ganz leicht daran entlang streichen. Enorm eindrucksvoll war dies für die Rothaut gewesen. Es war klar und deutlich. Dieses außergewöhnliche Tagebuch musste in die Hände dieses Mädchens gelangen – es war für sie bestimmt.

Nun war es nicht wirklich schwierig für ihn, auf das Kind zu treffen. Kam sie doch immer ziemlich um die gleiche Uhrzeit hier am Schaufenster vorbei. Es musste also der Schulschluss sein, dachte er. Und so konnte er sie problemlos abpassen.

Heute war es nun so weit. Als sie abermals vor dem Geschäft erschien, ging er zur Eingangstür und öffnete sie. Ein kleines Glockengeläut, das oben an der Tür angebracht war, begleitete sein Handeln.

»Hallo Kleine«, sprach er sie an. »Brauchst nicht zu erschrecken! Ich wollte nur wissen, wie du heißt«, sagte er zu ihr.

»Ich bin Britta«, antwortete sie, als sie sich vom ersten Schrecken erholt hatte. »Ich … ich« stotterte sie verlegen und schwieg anschließend.

»Ich weiß«, erwiderte der alte Mann sanft. »Ich habe gesehen, was du bewunderst. Es ist das kleine Büchlein dort in der Ecke, richtig?«

Britta war leicht errötet, fasste sich indes schnell wieder. Eigentlich sollte sie nicht mit Fremden sprechen, hatten ihr die Eltern eingeschärft, aber bei diesem alten Mann fühlte sie sich sicher. Er schien ihr mit seinem faltigen Gesicht irgendwie sanftmütig zu sein. »Ja«, setzte sie erneut an, »dieses Buch mit dem Wolf finde ich toll. Obwohl man doch eigentlich Angst haben sollte, immerhin ist dies ein ausgewachsener Wolf«, endete sie.

Inzwischen war der Indianer sachte neben sie getreten. »Das hast du richtig bemerkt, das ist ein ausgewachsenes Exemplar. Aber nicht alle Wölfe sind böse. Es gibt auch ausgesprochen sanfte und liebe Tiere darunter. Und der hier ist etwas ganz Besonderes. Er ist ein Beschützer!«

Britta hatte gebannt zugehört. »Ein Beschützer?« fragte sie nach. »Wie kann denn das sein? Er ist doch lediglich auf dem Einband.«

Der alte Indianer lächelte weise. »Dies ist Mingan, das bedeutet so viel wie grauer Wolf bei uns, dem indianischen Stamm der Cheyenne. Und ich muss das wissen, ich wurde früher Shaman genannt, was so viel bedeutet, wie ihr sagen würdet, heiliger Mann.«

Andächtig hatte Britta dem alten Häuptling gelauscht. Das klang ja alles spannend. Inzwischen hatte Shaman weitergesprochen.

»Ich glaube, das Buch möchte auch zu dir«, erklärte er. »Ich habe gesehen, wie Mingan sich bewegt hat. Und das hat er früher nur bei mir gemacht.«

»Was?«, entschlüpfte es dem Mädchen. »Du nimmst mich auf den Arm. Niemals kann ein Bildeinband etwas tun, geschweige denn sich bewegen«, setzte sie ernst nach. Soviel wusste sie in ihrem Leben. Das konnte nie und nimmer sein. Sie war zwar durchaus eine kleine Träumerin, aber das ging ihr erheblich zu weit.

Der Indianer legte ihr seine warme, weiche Hand auf die Schulter. Das hatte nichts Bedrohliches, ganz im Gegenteil. Ganz gelassen wurde Britta wieder.

»Schau«, versicherte er, »schau mal genau zu Mingan hin.«

Sie tat es und unvermittelt, für eine winzige Sekunde nur, aber ganz gewiss, da hatte er geblinzelt.

»Das kann doch nicht sein«, rief sie aus. »Das ist nur Einbildung. Das redest du mir nur ein. Du willst, dass ich das Buch kaufe, und denkst, du könntest mich so beeindrucken. Das ist nur Fantasie.«

»Du kannst mit hinein kommen, Britta. Komm in das Geschäft und ich gebe dir das Büchlein in die Hand. Befasse dich sozusagen mit dem Buch und schau es dir ganz genau an. Fühle dich da hinein. Vielleicht merkst du ja dann, dass es etwas ganz Außergewöhnliches ist. Und nein, ich werde dich nicht beeinflussen. Wenn dir das Buch und Mingan gefallen, so darfst du es haben. Für dich kostet es nichts. Ich werde kein Geld dafür verlangen. Das Einzige, was ich möchte, ist, dass das Buch in die richtigen Hände kommt. Und ich bin sicher, bei dir ist es richtig. Du gehörst zu dem Buch wie das Buch in demselben Maße zu dir. Ich habe lange auf jemanden gewartet, der dafür geeignet ist. Jahrelang lebe ich hier, aber für dich, genau für dich, ist dieses Buch jetzt richtig und wichtig.

Lediglich etwas gibt es, was du beachten musst. Wenn du dieses Buch wirklich besitzen möchtest, so musst du mir genau zuhören, was ich dir zu sagen habe. Es geht um ein kleines Mysterium. Ein Geheimnis, welches diesen Wolf und den Umgang mit ihm und dem Buch betrifft. Aber dazu muss ich erstmal wissen, ob du auch wirklich die neue Besitzerin sein willst.«

Oh je, nun steckte Britta in einer Zwickmühle. So gerne würde sie dieses Buch haben wollen. Deshalb war sie auch so oft hier entlang gekommen. Natürlich begehrte sie es sehr.

Andererseits hatte sie die Bedeutung der Worte des Indianers sehr wohl gespürt. Hier musste sie eine Entscheidung treffen, die für ihre Zukunft Bedeutung hatte.

»Gut«, erklärte sie. »Meine Eltern haben mir ständig geraten, dass wichtige Entscheidungen im Leben überschlafen werden sollten. Das möchte ich auch tun.«

»Das ist sehr klug und vernünftig von dir«, entgegnete Shaman. »So machen wir das. Komme morgen um die gleiche Zeit und lasse mich deine Entscheidung wissen.« So reagierte er, streichelte Britta noch leicht über den Rücken und verschwand ganz geschmeidig und leichtfüßig, ohne ein Geräusch zu machen, wieder in seinem Geschäft.

Britta stand noch kurz benommen vor der Schaufensterscheibe. Sie grübelte über die Worte des Indianers nach, um dann aber schnell nach Hause zu laufen. Ja, sie würde es überschlafen und morgen ihre Antwort geben.

Doch, wie so oft im Leben, passieren einfach andere Dinge, als man vorhat. Bereits am selben Abend wurde sie fiebrig und musste dann zahlreiche Tage ihr Bett hüten. So hatte sie keine Chance, sich am nächsten Mittag zu dem Indianer zu begeben.

2. Mingan tritt in ihre Träume – in ihr Leben

Indes, auch diese Zeit im Bett war keine sogenannte vertane Zeit. Immerzu dachte sie an den alten Indianerhäuptling und das schöne Buch.

Waren es Fieberträume? Auf jeden Fall hatte sie nachts den Wolf neben sich gespürt. Und der war alles andere als bedrohlich gewesen. Lieb war er zu ihr. Zwar sehr erwachsen und weise, jedoch geradezu zärtlich ging er mit ihr um. Gesprochen hatte er mit ihr. Obwohl sie meinte, Wölfe könnten nicht reden. Aber dieser vermochte es. Er hatte sich eines nachts bei ihr vorgestellt und sich ihr ganz vorsichtig genähert. Als wenn er gewusst hätte, dass er dies langsam und besonnen tun musste.

Mit jeder Nacht, in der er erschien, fasste sie mehr Vertrauen zu ihm. Er hatte seinen Namen genannt. Und er hieß wirklich Mingan, so, wie der alte Indianer ihn auch genannt hatte. Mingan, ein sanfter Name, wie Britta fand. So weich, wie das Fell des Wolfes. Ja, nach einigen Nächten durfte sie ihn anfassen und streicheln. Sie tat dies mit allem Anstand und Respekt. Was der Wolf ebenfalls genoss. So trafen sie sich nachts in den Träumen und kamen einander näher und das gegenseitige Zutrauen wuchs.

Britta hörte gebannt zu, wenn der Wolf von seinen Erlebnissen in seinem Leben erzählte. Das war so grandios, wie er durch die Wälder flitzte, sich eine Frau suchte und kleine Wölfe, seine Kinder, zur Welt kamen.

Zudem hatte er sie selbst mit einem anderen Namen angesprochen, nämlich »Wakanda«.

»Warum nennst du mich so?«, fragte sie ihn völlig erstaunt.

»Weil du so heißt«, war die schlichte Antwort. »Dies ist dein Name seit jeher, in welchem Körper du dich auch immer befindest«, hatte er noch dazugesetzt. »Zu allen Zeiten, wo immer du geboren wurdest.«

Und dann hatte er ihr erklärt, was dieser Name aus dem Indianischen bedeutet, nämlich »sie besitzt magische Kräfte.«

»Aha«, dachte sie. Darüber musste sie mal in Ruhe nachsinnen. Er hatte dies mit einer totalen Selbstverständlichkeit geäußert, als wenn es hier nichts weiter zu sagen gäbe.

Es war so packend, seinen Geschichten zu lauschen. Er hatte unglaublich viel zu erzählen. Aus den Wäldern, durch die er gestreift war. Und den Menschen, die er getroffen hatte. Und doch hatte sie das Gefühl, das eigentliche Thema hätte er noch nicht berührt.

Ihr Gefühl trog sie auch nicht. Der Wolf wollte erstmal eine gute Basis aufbauen, bevor er über seine Bestimmung und das Geheimnis des Buches reden wollte.

Dann, eines Nachts, war es so weit. Kaum war sie in den Schlaf gefallen, erschien ihr Mingan. Und wie jedes Mal stupste er sie leicht mit seiner samtweichen Schnauze an. Ich bin hier, wollte er damit signalisieren. Sie hatte bereits auf ihn gewartet und ließ sich nieder, um ihn zu umarmen und zu knuddeln. »Da bist du ja«, flüsterte sie in sein Ohr. »Ich habe auf dich gewartet. Worüber wirst du heute mit mir reden?«

Der graue Wolf zögerte leicht. »Ich könnte dir heute etwas über Shaman erzählen, wenn du möchtest. Aber es gibt auch manches Schmerzliche und Bedrückende, es wird nicht immer einfach sein, was du erfährst.«

»Gut«, meinte sie und sah in die melancholisch aussehenden Augen des Wolfes. »Dann fang einfach an, ich werde es verkraften.«

Und so begann Mingan, der graue Wolf, seine Ausführungen.

»Der alte Indianer hat dir doch geschildert, dass es ein Geheimnis um unser Buch – inzwischen sagte er absichtlich »unser Buch« – gibt. Ich werde dich in ein paar Sachen einweihen.« Er hatte sich aufrecht vor Britta hingesetzt, den Augenkontakt gehalten und sah sie ernst an. Sie indessen hatte die Bedeutung erfasst, sich ebenfalls aufgerichtet und deutete damit an, er könne anfangen, sie höre genauestens zu.

»Weißt du, ich habe eurer Unterhaltung vom Schaufenster aus gelauscht. Shaman hat dir gesagt, ich sei etwas Besonderes. Das stimmt. Und Shaman weiß genau, was er da gesagt hat. Ich bin ein Beschützer. *War* es immer und *werde* es allezeit sein.«

Dann machte er eine Pause, um dem nächsten Satz eine große Bedeutung beizumessen: »Shaman war nämlich bis vor kurzem mein Schützling.«

Obwohl Britta sich nichts anmerken lassen wollte, war sie leicht zusammengezuckt. Und bevor sie eine Frage stellen konnte, hob der Wolf wieder seine Stimme und fuhr fort:

»Ja, ich war der Beschützer des alten Indianerhäuptling Shaman. Viele Jahre habe ich ihm gedient, war sein Begleiter und habe auf ihn aufgepasst.«

Jetzt konnte Britta doch nicht mehr an sich halten. »Wie kann ich mir das vorstellen? Wie konntest du diese Aufgabe ausführen?«

»Von klein an war ich sein Getreuer. Sein ganzes Leben lang begleitete ich ihn. Unsichtbar für die meisten Menschen rings herum. Aber ich war ständig bei ihm. Ich folgte ihm, wo er auch hinging. Ich bin«, er korrigierte sich, »ich war sein Verbündeter in der geistigen Welt.«

»Ich war immer da«, wobei er das Wort *immer* stark betonte. »Ich gab seiner sogenannten inneren Stimme eine Bedeutung. Wenn es brenzlig wurde, und das passiert bei Indianern ohnehin durch die Gefahren der Jagd zum Beispiel, dann war ich sein Beschützer. Wie das konkret aussieht, willst du wissen?« Damit griff er den Gesichtsausdruck des kleinen Mädchens auf. Und wirklich, genau das hatte sie gerade fragen wollen.

»Ach, weißt du, das war so. Shaman hörte mich dann wie eine innere, mahnende Stimme. So in etwa: *Tue das lieber nicht* oder *lass es sein, hier wird gleich etwas Schlimmes passieren, ein Baum wird umfallen, oder das Eis wird brechen.* So etwas in der Art, verstehst du?«

Britta nickte. Ja, das kannte sie. Von so einer inneren Führung hatte sie ebenfalls gehört und man sollte, zum eigenen Besten, lieber darauf hören.

»Und so etwas kannst du?«, fragte sie nach. Der Wolf nickte langsam und bedächtig. »Ja, das kann ich. Und ich möchte dir gerne meine Hilfe anbieten«, setzte er nach. »Nun bist du an der Reihe. Der alte Shaman braucht mich nicht mehr. Deshalb haben wir beide beschlossen, einen würdigen Nachfolger für ihn zu suchen.«

»Und das soll ICH sein? Das glaube ich nicht! Da vertut ihr euch gewaltig!«, sprudelte es aus ihr heraus. »Ich finde das zwar ganz nett von euch«, fuhr sie fort, »aber das kann ich nicht annehmen. Da wartet mal schön auf einen anderen«, schoss es neuerlich aus Britta heraus, ohne dass sie darüber nachgedacht hatte.

Bekümmert sah der Graue sie an. »Oh, du verstehst nicht! Shaman hat sein Leben gelebt. Er wird alsbald in die *glücklichen Jagdgründe* eingehen, so nennen die Ureinwohner, die Indianer, dies. Ihr Weißen habt dafür den Begriff *ewige Jagdgründe* gewählt. Doch vorher hat er der Verpflichtung zugestimmt, einen Nachfolger zu bestimmen. Das ist der Grund, warum ich auf dem Umschlag eines Tagebuches bin. Über diesen Weg mussten wir dich finden.«

»Pah, das glaube ich dir nicht. Ich bin doch nicht wichtig genug. Was habe ich mit dem Leben eines alten Indianerhäuptlings zu tun?«, fuhr ihn Britta an. Aus ihr sprach aber nicht der Widerspruch, sondern eher die reine Angst vor dieser Verantwortung. »Nein, nein, lass mal gut sein. Ihr irrt euch gewaltig«, wiederholte sie. »Ich kann es schon aus dem Grunde nicht sein, weil ich ein Mädchen bin«, rief sie aus. Sie redete sich richtig in Rage. »Lass mich einfach in Ruhe, das kann alles nicht sein. Und was heißt hier überhaupt *glückliche Jagdgründe*? Der Indianer ist zwar gewiss alt, gut, aber der lebt bestimmt noch viele Jahre. Er sieht richtig zäh aus. Hast du das nicht gesehen?«

»Glaube mir«, wisperte der Wolf. »Die Tage von Shaman sind gezählt. Und renne jetzt bitte nicht weg oder löse dich aus diesem Traum. Ich habe dir noch so einiges zu sagen. Es ist alles wichtig für dich und dein Leben.« Währenddessen hatte er seinen Kopf geneigt und sah ziemlich betrübt aus. So hatte sie ihn noch nie gesehen.

Es hatte gestimmt, sie war kurz davor gewesen, den Traum abzubrechen. Sie spürte, sie wollte das Kommende eigentlich gar nicht hören. Es lag so viel Trauriges in den Worten des Wolfes. Aber Britta wäre nicht die, die sie war. So hielt sie doch inne und überlegte. Wenn es ihr Schicksal sein sollte, so könnte sie dem sowieso nicht ausweichen. Irgendwann würde diese Geschichte sie einholen. Also dann besser jetzt »durch«, als nachher von den Geschehnissen überrollt zu werden.

Tapfer stellte sie sich also dem, was nun passieren würde. Sie signalisierte dem Grauen, dass sie ihm nun weiter zuhören und intensiv lauschen würde.

»Als Shaman noch ein Kind war, war es unsere Bestimmung, zusammen durch das Leben zu gehen. Ich wurde von der geistigen Welt, denn so etwas gibt es bei den Indianern genauso wie in der westlichen Welt, dazu bestimmt, ihm beizustehen. Das war wunderbar für uns beide. Ich durfte bereits zu ihm, als er noch die Augen geöffnet hatte für die Welt der Geister. Er hat mich sofort als Wolf, der ich bin, erkannt. Auch hatte er überhaupt keine Angst vor mir, nie. Das war wundervoll. Ich konnte mit ihm spielen, ihn auf seiner Fährtensuche begleiten und seine Freundschaften begutachten. Zusammen waren wir auf unzähligen Jagden, und ich, ich konnte dabei sein und ihn vor Gefahren bewahren und ihm beistehen. Außerdem lernte er in den Jahren den Blick für die geistige Welt zu behalten und nicht zu verlieren, wie es so oft den Kindern dieser Welt passiert.«

Vor Begeisterung hatte das Fell des Wolfes von neuem angefangen zu leuchten. Er sah einfach prächtig aus, während er so leidenschaftlich von der Vergangenheit erzählte. »Ich konnte ihm ein klein bisschen bei den Männlichkeitsritualen der Indianer beistehen und ihn leiten. Es war eine tolle Zeit. Als er auf Brautschau war, brauchte ich rein gar nichts zu tun. Er hatte sich gleich in die richtige Squaw verliebt und diese auch geheiratet.« Augenblicklich verdüsterte sich das Gesicht des Wolfes. »Ach, das waren noch Zeiten. Leider ist seine Frau bei der Geburt des ersten Kind gestorben und mit dem Sohn hatte er es nicht leicht.«

»Was ist denn passiert?«, unterbrach Britta.

»Ach, das ist seine Aufgabe, es dir zu sagen, nicht die meinige. Es ist einfach viel geschehen, das auch ich nicht verhindern durfte. Immerhin war ich der Begleiter und Aufpasser des Häuptlings und nicht der seines Sohnes. Aber es war eine bittere Zeit, das kann ich dir versichern.«

Er machte eine Pause, als wenn er sich besinnen müsste, was er eigentlich dem kleinen Mädchen erzählen wollte. Sein Fell schien ganz stumpf. Gedanklich war er wohl in den damaligen Ereignissen und Erinnerungen gefangen.

Britta rührte sich nicht von der Stelle und wagte kaum zu atmen. Sie wollte diesen Moment – trotz all der Traurigkeit – nicht stören. Irgendwie fühlte sie instinktiv, dass er diese Empfindungen durchleben musste, um Heilung zu erfahren. Ihr Gespür war richtig! Vielleicht hatte sie deshalb den

Beinamen Wakanda? Wie auch immer, es war das richtige Verhalten gewesen, was sie gewählt hatte.

Nach geraumer Zeit hatte sich der Wolf erneut im Griff. »Wie dem auch sei«, fuhr er fort, »der Häuptling wollte seinem Sohn beistehen und ist ihm in die Stadt gefolgt. Deshalb konntest du ihn hier, an diesem Ort, treffen. Aber es war alles zu spät. Seinem Sohn konnte er nicht mehr wirklich beistehen. Und zurückkehren zu seinem Stamm, das wollte er nicht mehr. Zu sehr hatte er »sein Gesicht verloren«, wie es so schön heißt. Er hat sich hier niedergelassen und dieses Antiquariat eröffnet. Ich blieb selbstverständlich bei ihm und beschütze ihn, so gut es ging. Nun ist er ein alter Mann und er weiß, dass seine Tage hier auf der Mutter Erde gezählt sind. Gemeinsam haben wir überlegt, wer als nächste Aufgabe für mich in Frage käme – und wie wir die Suche nach seinem Nachfolger am besten umsetzen. Da sind wir auf die Idee mit dem Buch mit dem Bild von mir gekommen. Du hast es vorher in einer Bemerkung ausgesprochen. Stimmt, du bist ein Mädchen. Aber du bist nicht weniger Wert als ein Junge. Wir suchten denjenigen, der die Tradition fortsetzt und magische Kräfte hat. Und das bist definitiv DU. Du hast diese Kräfte in dir und kannst mich sehen und spüren. Als der Indianerhäuptling sich zurückgezogen hatte und nachdachte, wer sein Nachfolger werden würde, da hat er dein Gesicht in Trance, in einer Vision, gesehen. Doch«, meinte er sicher, als er das ungläubige Gesicht von Britta sah, »hast du dich denn nicht gewundert über das kleine Gesicht des Mädchens neben mir auf dem Cover des Buches? Sie sieht dir sehr ähnlich, das hast du selbst gesehen und gespürt. Wir wissen das! Und deine Schritte wurden zielsicher zu diesem Geschäft gelenkt. Das war kein Zufall. Das ist Schicksal! Das ist so gewollt vom reinen Geist – den ihr als *Manitu* bezeichnet.«

Er machte abermals eine Pause. Er sah, dass Britta inzwischen sehr müde geworden war. Er hatte auch lange gesprochen, er sollte wohl lieber für heute schließen.

»Doch genug für heute Nacht«, erklärte er daher. »Du solltest noch ein bisschen schlafen und über all das Gehörte in Ruhe nachdenken. Das kannst du in deinem sogenannten Tages-Bewusstsein tun. Wir werden sehen, wann wir uns erneut sprechen. Vielleicht in einem nächsten Traum? Ich wache bereits jetzt ein bisschen über dich, wenn du es erlaubst.«

Dann verabschiedete er sich wie jedes Mal. Es war ebenfalls wie ein kleines Ritual. Zu Beginn stupste er sie permanent mit der weichen Schnauze an, zum Schluss jedoch ließ er aus seiner Kehle ein kerniges Wolfsgeheul erklingen. Nicht laut, sondern eher schlicht und leise, jedoch unüberhörbar und sehr markant. Dann verblasste seine Gestalt und er verschwand.

Einige Tage waren seitdem vergangen, in denen sie darüber nachdachte, ob sie das Buch haben wollte oder doch lieber Abstand nehmen sollte.

Auf der einen Seite war sie neugierig, andererseits auch ängstlich. Würde es vielleicht gefährlich sein, so ein Buch zu besitzen? Vieles kam ihr unheimlich vor. Doch lieber die Finger davon lassen? Wer weiß, worauf sie sich da einließ?

Den Wolf hatte sie seither nicht mehr gesehen. Was nur tun? Freilich, das besondere Tagebuch ließ sie nicht los.

3. Brittas Entscheidung

Dann kam der Tag, an dem sie wieder in die Schule gehen durfte. Und da hatte sie die Wahl getroffen. Nach Schulschluss begab sie sich schnell und direkt zu dem Antiquariat. Oh, hoffentlich war es noch nicht zu spät – hoffentlich war der Indianerhäuptling noch da, am Leben. Und tatsächlich, durch die Scheibe sah sie ihn im Laden stehen.

Beherzt ging sie in das Geschäft. Was freute sich Shaman! So sehr hatte er gehofft, dass sie käme, um das Buch zu holen. Und mit diesem Tagebuch auch die Verantwortung für sich selbst, und im Grunde auch für den Wolf, übernehmen würde. Er strahlte über das ganze Gesicht, beugte sich herunter und umarmte das Mädchen.

»Es ist so wunderbar, dass du gekommen bist. Rechtzeitig, damit ich dir noch einiges auf den Weg mitgeben kann«, bekundete er gleich zu Beginn. »Mingan hat mir gegenüber erwähnt, dass er dir schon viel mitgeteilt, aber auch ein wenig über mich offenbart hat. Das ist jedoch nicht wirklich wichtig. Der Wolf und du, ihr seid hier und jetzt wesentlich«, formulierte er. Und als er bemerkte, dass das Kind total gebannt zuhörte, verkündete er die nächsten wichtigen Botschaften.

»Ich sehe dir an, dass du das Buch haben möchtest. Und das ist gut so, ihr beide, na ja, ihr drei«, verbesserte er sich, »ihr gehört zusammen. Du, das Buch und der Wolf! Wie dir bekannt ist, werde ich bald nicht mehr sein. Und mein bisheriger Begleiter, der Graue, wird von nun an dein Beschützer sein und dich im restlichen Leben begleiten. Ich habe dich bereits in einer Vision gesehen, es ist also alles richtig, wie es jetzt geschieht. Du hast Mingan zweifellos in deinen Träumen erkannt, habe ich gehört. Ich werde dir jetzt etwas geben, damit du ihn auch bei Tage und zu jeder Zeit sehen kannst. Hier, nimm.« Und damit öffnete er seine Hand, die er die ganz Zeit geschlossen auf dem Rücken gehalten hatte.

»Dies hier sind die Haare eines Wolfes. Bewahre sie gut auf und trage sie am besten an deinem Körper.« Und als er ihr fragendes Gesicht sah, präzisierte er. »Wir Indianer tragen so etwas an einer Schnur um den Hals. Nimm du einfach eine Kordel mit einem Anhänger. In diesem kannst du die Haare aufbewahren.« Nun verstand sie und nickte bereitwillig mit dem Kopf. »Einverstanden, das habe ich begriffen. So werde ich es machen. Genauso, wie du es vorgeschlagen hast.«

»Gut«, warf der Indianer ein und drückte ihr dabei das Haarknäuel in die Hand.

Und wirklich, unversehens entdeckte sie den Wolf. Er saß direkt vor ihnen beiden und schaute sie erwartungsvoll an. Als er bemerkte, dass er von ihr erkannt wurde, sprang er flink auf und stupste sie an, wie stets bei der Begrüßung im Traum.

Was war das herrlich! Geschwind hatte sie sich gebückt und Mingan umarmt. Sie griff in sein seidiges Fell, knuddelte ihn und mochte kaum von ihm lassen. Die Freude war wirklich beiderseits. Und der Indianer? Der ließ sich selig lächelnd auf einem Stuhl nieder und schaute sich genüsslich dieses Schauspiel an.

Ja, die gehörten wirklich zueinander. Das Tagebuch hatte er längst bereitgelegt. Nun drückte er es der Kleinen in die Hand. Und nein, bezahlen sollte sie dies nicht. Dafür durfte er kein Geld der Welt nehmen, erklärte er ihr.

Außerdem wollte er derzeit nicht weiter auf irgendwelche Geheimnisse des Buches oder des Wolfes eingehen. Nein, alles Weitere dürfe sie selbst enträtseln. Damit entließ er die zwei, drehte sich um und beachtete sie nicht mehr.

Für Mingan war es der Hinweis, nun dem Mädchen zu folgen. Die beiden verließen also das Geschäft und gaben sich viel Raum und Zeit, einander weiter und näher kennenzulernen. So viel musste noch gefragt und erzählt werden. Sie war so begierig. Alles wollte sie wissen. Und der Wolf nahm sich dazu alle Zeit, die sie brauchten. Sie hatten doch ohnehin das ganze Leben noch vor sich. Also ließen sie es ruhig angehen.

Und kaum merklich, aber stetig, wurde Wakanda, so nannte er sie nur noch, konstant selbstsicherer. Der Umgang mit dem Wolf tat ihr gut. So gab es zum Beispiel eine Situation, die früher mit Sicherheit anders abgelaufen wäre.

Sie war auf dem Nachhauseweg von der Schule, als sie von einigen Jungen aus der nächsthöheren Klasse gehänselt wurde. Sie wollten sie anrempeln und knuffen, um ihr die Schulmappe zu entwenden. Einfach zu ihrem eigenen Spaß. Noch vor einiger Zeit wäre Britta eingeknickt, hätte geweint und nicht gewusst, was sie hätte tun sollen. Jetzt, mit dem Wissen um Mingan, war das etwas anderes.

Sie sah den Wolf ganz dicht neben sich gehen. Das konnten die anderen Kinder naturgemäß nicht wahrnehmen. Für sie war er nicht da, einfach unsichtbar. Aber nicht für Britta. Gedanklich sprach sie ihn an: »Bitte hilf mir, Mingan. Tu etwas oder sage mir, was ich tun soll«, rief sie innerlich.

»Geh du nur weiter deinen Weg«, hörte sie die Antwort im Kopf. »Geh einfach weiter, kümmere dich nicht um die Bande«, übermittelte er.

Und so tat sie es. Selbstsicher ging sie weiter und beachtete die Horde Jungs nicht. Und da, als unversehens ein Junge zu dicht kam, schnappte der Wolf nach dessen Hand.

Der Junge wusste nicht, wie ihm geschah. Er hatte nichts gesehen, als er meinte, jemand beiße heftig in seine Hand.

»Au«, schrie er. Panik hatte ihn erfasst. »Da hat mich was gebissen«, brüllte er. Jammernd hielt er seine Hand. »Das gibt es doch nicht«, blökte er. »Wo kommt das her? Wirklich, hier, da ist ein Abdruck von Zähnen auf meiner Hand zu sehen. Nichts wie weg hier, das ist doch nicht geheuer!«, plärrte er und lief davon. Die anderen Jungs hatte er damit derart verschreckt, dass sie ihm hinterherliefen. Seit diesem Tage traute sich niemand mehr, Britta in übler Form zu nahe zu kommen.

Klassenkameraden hingegen, die es gut mit ihr meinten, wurden anders vom Wolf behandelt. Da kam er ganz dicht an die Kinder heran und rekelte und rieb sich an ihren Beinen. Sie sahen ihn nicht, aber sie genossen die Atmosphäre seiner Anwesenheit. Die Einzige, die das sehen durfte, war Britta natürlich. Sie lächelte oft dazu und das machte sie natürlich noch angenehmer im Umgang. So hatte Britta eine schöne Schulzeit.

4. Das Leben mit ihrem Begleiter und Beschützer

Sie machte ihren Abschluss an der Schule und studierte. Unweigerlich dabei war natürlich der Wolf, wie konnte es anders sein. Sie waren ein eingeschworenes Team. Wenn Britta mal traurig war, weil ein junger Mann sie zum Beispiel versetzt hatte, so konnte sie sich bei Mingan ausweinen. Er knuffte sie ein bisschen, bot sich an und stellte sein

Fell zur Verfügung. Dann umarmte sie ihn und die Tränen rollten in das graue Fell. Und später, wenn alles etwas leichter schien, drückte sie ihn und bedankte sich bei ihm. Sie kamen also wunderbar miteinander aus.

Ein Ereignis allerdings schweißte Britta bzw. Wakanda und den Wolf noch mehr zusammen!

In dem Städtchen, in dem sie wohnte, trieb seit einiger Zeit ein Unhold sein Unwesen. Belästigte die Mädchen und Frauen und der Polizei war es bislang nicht gelungen, den Mann zu stellen. Als Britta eines Abends nach einer Feier mit Kollegen nach Hause ging, kam es zu einer unglückseligen Begegnung.

Die Straßen lagen bereits im Dunkeln und sie glänzten nass, weil es geregnet hatte. Es war eine tolle Party gewesen und sie hatte einige, vielleicht auch zu viele, Cocktails getrunken. Leicht benebelt hatte sie sich auf den Rückweg nach Hause gemacht. Eine Begleitung hatte sie abgelehnt. Sie wusste um ihren Wolf, der immer auf sie aufpasste.

Da geschah es plötzlich. Aus einer Nebenstraße kam ein Mann, ziemlich verwahrlost, und ging ihr schnellen Schrittes hinterher. Sie spürte die Gefahr. Am ganzen Körper hatte sie schlagartig eine Gänsehaut. Sämtliche Haare hatten sich aufgestellt. Ihr war mulmig zumute. Hastig wollte sie weitereilen, aber der Mann war blitzartig hinter ihr. Es war zu spät, um noch zu fliehen. »Wolf, wo bist du denn?«, rief sie laut aus.

Ihr Verfolger lachte. »Du denkst wohl, du kannst mir entkommen, was?«, tönte er. »Hier ist keiner, der dir helfen kann. Du bist ganz alleine. Na ja, mit mir alleine!« Er lachte dabei höhnisch. »Und ich brauche auch keinen weiteren, ich komme alleine mit dir klar«, beendete er seinen Satz.

Doch er hatte die Rechnung ohne den Wolf gemacht. Sicher, der böse Mann konnte das Wildtier nicht sehen. Aber Mingan hatte so seine eigene Art. Er nahm Anlauf und stürzte sich auf den Bösewicht. Den Übeltäter riss er dabei tatsächlich um. Der Mann fiel längs auf den Straßenbelag. Alles ging rasend schnell. Der Mann dachte, er wäre ausgeglitten auf der nassen Straße oder über einen Stein gestolpert. Das überraschte ihn jedoch. »Das hätte ich gemerkt«, schoss ihm durch den Kopf. Mittlerweile versuchte der Schurke aufzustehen, doch es wollte ihm irgendwie nicht so recht gelingen.

»Was ist nur los?«, dachte der Frevler, währenddessen raste Mingan vor Wut. Diesen Typen wollte er nicht entkommen lassen. Schier endlos attackierte er den Strolch. Der Graue wütete, biss ungezügelt in den Rücken, in die Beine und Hände des Mannes. Dabei ließ er sein fürchterlichstes Wolfsgeheul ertönen. Und wirklich, es war wie einst bei den Schuljungen, *dies* konnte der Verbrecher hören. Dieses furchteinflößende Geräusch dröhnte in den Ohren des Mannes. Er konnte es mittlerweile kaum noch aushalten und hielt sich die Ohren zu. Da, hatte er da nicht den schemenhaften Umriss eines riesigen Hundes wahrgenommen? Er verstand die Welt nicht mehr! Mit Bedacht hatte er sich bisher seine Opfer ausgesucht. Nie hätte er eine Frau mit einem Hund ausgesucht und angegriffen. Dazu war sein Respekt, zugegebenermaßen auch seine Angst, vor diesen Tieren viel zu groß. Er wusste, was diese Tiere zu tun in der Lage waren, wenn ihre Frauchen in Bedrängnis kamen.

Hier, schon wieder! Er hatte das Gefühl von riesigen Hundeaugen angestarrt zu werden. Außerdem spürte er so etwas wie heißen Atem im Gesicht. Erneut vernahm er das kehlige und heftige Knurren! Wie furchterregend das alles war. Er wollte nur noch fort. Diesem Ort entfliehen! Mit letzter Kraft stemmte er sich hoch und flüchtete. Entkommen, das war jetzt seine Devise. »Nur weg hier«, stöhnte er, nahm Reißaus und jagte davon.

»Lass von ihm ab«, kreischte Wakanda. »Er hat genug«, rief sie. Und der Wolf, zwar immer noch schäumend vor Wut, hörte auf sie, wenn auch sehr widerwillig.

Der Kriminelle hingegen, er verstand überhaupt nicht, was hier wirklich vor sich gegangen war. Die Ohren taten ihm weh und das laute Wolfsgeheul klang noch lange Zeit in seinem Kopf nach. Außerdem taten ihm die unterschiedlichsten Körperteile weh. Überall hatte er blaue Flecken und manche Stellen sahen noch tagelang aus, als wäre er Hundebissen ausgesetzt gewesen. Bei genauem Hinsehen sahen die Hautstellen wahrhaftig so aus, als wären Zahnabdrücke darauf. Grauenhaft fand der Ganove dies. Das wollte er nie wieder im Leben erleben. Das Schlimmste jedoch für ihn war, dass er das Erlebte keinem erzählen konnte. Erstens würde er sich damit selbst belasten, was für eine schlimme Tat er vorgehabt hatte. Zum anderen, keiner würde ihm Glauben schenken. Die würden ihn wohl eher in eine geschlossene Anstalt stecken.

Der Wolf hatte also »ganze Arbeit geleistet«, wie Wakanda ihn lobte. »Du hast mich gerettet«, wiederholte sie oftmals. »Was hätte ich nur ohne dich getan?«

Zu Hause angekommen, sie war durch den Schreck völlig nüchtern geworden, setzte sie sich erstmal und weinte. Das Geschehen hatte sie verständlicherweise aufgewühlt. »Du bist mein Held«, lobte sie dann noch Tage später. »Ich bin so froh, dass es dich gibt.«

»Dafür bin ich ja da. Um auf dich aufzupassen«, brummte der Wolf hingegen zufrieden. »Dieser Lump wird nie wieder ein Mädchen überfallen«, setzte er zufrieden hinzu.

Tja, wie gesagt, dieses Geschehen hatte die beiden endgültig zusammengeschweißt. Sie führten ein herrliches Leben miteinander. Wakanda konnte sich auch gar nicht vorstellen, wie es ohne ihn sein würde. Wie hatte sie überhaupt *vorher* ohne ihn leben können?

5. Shamans letzte Wanderung

Ein weiteres, einschneidendes, sehr trauriges Ereignis hatte es gleichermaßen gegeben.

Eines Tages war der Wolf nicht bei ihr. So sehr sie auch nach ihm rief, er erschien nicht. Sie machte sich die heftigsten Gedanken. Was war nur geschehen? Hatte sie ihn etwa gekränkt? Etwas Verletzendes zu ihm gesagt oder etwas gemacht, was ihn verjagt haben könnte? Sie wüsste nicht, womit. Und dass er so gar nicht auf ihr Rufen reagierte, das fand sie seltsam. In den ganzen Monaten war so etwas nicht geschehen. Gut, manchmal war er fort. Da wollte er mal in seinen alten Gefilden umher stromern. Dies brauchte er wohl von Zeit zu Zeit. Aber so gar nicht erscheinen, das war gar nicht seine Art. Am nächsten Tag erst sah sie ihn in der Ecke des Schlafzimmers liegen. Völlig apathisch lag er dort und rührte sich nicht. Auch als sie auf ihn zukam und ihn berührte, zuckte er kaum. Mühsam hob er den Blick zu ihr. Da sah sie im selben Moment seine Traurigkeit. Sie brauchte nicht mehr fragen. Dieser Blick vom grauen Wolf sagte alles. Der Indianer war folglich endgültig gegangen, hatte seine letzte Wanderung angetreten.

»So lange war er doch noch hier«, sprach der Wolf traurig. »Meistens, wenn ich mal kurz nicht bei dir war, hatte ich Shaman besucht«, erklärte er Wakanda. Sie nickte nur, sprechen konnte sie nicht, die Tränen standen ihr in den Augen. Einen dicken Kloß spürte sie vor Trübsinn im Hals. Sie hatte den Indianer ebenfalls einige Male in der Vergangenheit besucht. So gerne hatte sie ihn gehabt. Und nun hatte er die Erde verlassen. War in seine glücklichen Jagdgründe umgezogen. Ach, es war so traurig. Es schmerzte beide tief im Herzen.

»Doch eines hat er mir versprochen«, wisperte der Wolf leise. »Es würden einige Tage vergehen, so an die vierzig Tage. Und dann, so hatte mein ehemaliger Herr mir versprochen, würden wir ihn beide sehen können.«

Wakanda schaute den Wolf erstaunt an. »Wie meinst du das? Sehen? Er ist doch gegangen, hat die leibliche Hülle abgelegt.«

»Wir werden sehen«, brummte der Graue. Und damit ließ er seinen Kopf wieder auf den Boden zwischen seine beiden Pfoten sinken und war nicht mehr zu irgendeiner Aussage bereit.

Die nächsten Tage vergingen und beider Herz und Gemüt waren schwer. Aber es half nichts, das Leben geht weiter, wie es so schön heißt.

6. Geheimnis und Enthüllung des Tagebuches

Wakanda hatte in der Zwischenzeit wieder das Tagebuchschreiben aufgenommen. Ja, die für sie wichtigsten Ereignisse schrieb sie in dieses Büchlein. Sorgsam verwahrte sie es in ihrem kleinen Sekretär auf.

Etliche Seiten waren mit ihrer Schreibschrift gefüllt. Anfangs hatte sie ziemlich viel eingetragen, aber mit der Zeit teilte sie dem Tagebuch nur noch die allerwichtigsten Begebenheiten mit. Der Tod des Indianers war so eine unsagbar traurige Angelegenheit. Dies musste unbedingt im Büchlein verzeichnet werden.

Sie schrieb ihre persönlichen Eindrücke und ihre bedrückenden Gedanken nieder. Das half ihr zugleich bei der Verarbeitung dieser schlimmen Nachricht. Und so einige Tränen landeten dabei auch auf dem Papier, welches sie beschrieb. Sie ließ ihnen freien Lauf, denn dies half letztlich obendrein beim Trauern.

Der Wolf hingegen sah erbärmlich aus. Er war über den Weggang des Indianers immens bekümmert. Freudlos bewegte er sich, fast mühsam, durch die nächsten Tage. Beklagenswert sah sein Fell wieder aus. Wakanda hatte in der Zeit ihres Beisammenseins gelernt, aus dem Zustand des Felles auf seinen inneren Zustand zu schließen. Auch sie war niedergeschlagen, doch dieser verzweifelte und zusätzlich vergrämte Gesichtsausdruck von Mingan machte ihr schwer zu schaffen.

Doch auch diese ausgesprochen schwierige Zeit überwanden sie gemeinsam. Sorgenvoll hatte sie den Wolf in den Arm genommen. »Es ist so bitter, dass er nicht mehr unter uns ist«, raunte sie ihm ins Ohr. »Untröstlich bin ich. Und ich erkenne, wie kummervoll du bist. Wir beide sind niedergeschlagen und geknickt. Lass uns nicht depressiv, nicht mutlos werden, sondern einander in dem Kummer gegenseitig trösten. Das hilft uns beiden.« Dabei hatte sie den Grauen fest umarmt und gedrückt. Der Blick aus seinen Augen sah fast gebrochen aus.

»Du hast Recht«, entgegnete er mit zittriger Stimme. »Wir können das Leid gemeinsam tragen, dann wird es weniger«, wandte er ein. »Ein jeder trauert ohnehin auf seine persönliche Art und Weise, das habe ich in der Vergangenheit gelernt«, bestätigte Mingan.

Und so machten sie es. Einer stärkte den anderen in seiner Trauer! Jeder, wenn er gebraucht wurde. Mal war es der Wolf, der ihr beistand, wenn sie nachts im Schlaf weinte.

Und wenn Wakanda vernahm, wie der Wolf herzzerreißend heulte, stand sie ihm bei, nahm ihn tröstend in den Arm und streichelte voller Inbrunst sein Fell. Sie schmiegte sich fest an ihn. Vorsichtig zeichnete sie mit ihren Fingern die Fellzeichnung nach. Und wenn er dann, nach einer Weile, seine Rute nicht mehr platt unter den Bauch gepresst hatte, sein Schwanz zuckte und wieder leicht zu wedeln begann, dann wusste sie, das trostlose Verhalten legte sich. So standen sie sich bei und stützten sich.

An einem Morgen erwachten der Wolf und das Mädchen fast gleichzeitig. Wenn Seelen derart dicht beisammen sind, geschehen oft wundersame Dinge. Sie beide waren glücklich aufgewacht. »Ich habe vom Indianer geträumt«, rief sie glücklich aus. »Der Traum war unglaublich real, als wenn ich alles tatsächlich erlebt hätte, so fühle ich mich.« Der Wolf hingegen stand auf, rekelte und streckte sich entspannt. »Auch ich habe ihn erlebt. Wir hatten uns auf einer Lichtung getroffen und miteinander gespielt, wie in alten Zeiten. Dich habe ich auch bemerkt. Du hast auf einem Baumstumpf gesessen und uns zugesehen«, grunzte er genüsslich. »Es war toll, einfach genial. Er hat sein Versprechen erneuert und gesagt, dass wir ihn in Kürze nicht nur nachts zu sehen bekommen, sondern auch am Tage, wenn wir es wünschten. Ist das nicht herrlich?«, rief der Wolf aus. Beide freuten sich unbändig und sahen nun den folgenden Tagen freudig entgegen. Die Traurigkeit wich aus ihren Herzen. Es war überwältigend.

Britta, wie sie in ihrem Umfeld natürlich noch hieß, war glücklich. So zufrieden und froh, dass sie aufgrund dieser schönen Nachricht eine Party geben wollte. Eine Feier, zu der sie ihre Freunde und Arbeitskollegen spontan einlud. Einen Grund nannte sie nicht, wollte nur eine lockere und zwanglose Feier erleben.

Der Einladung kamen die Kollegen sehr gerne nach. Sie waren begierig und wollten mal sehen, wie ihre Mitarbeiterin eingerichtet war und wie sie wohnte. Britta hatte das Essen und die Häppchen selbst zubereitet und es gab auch reichlich zu trinken. Alles lief gut. Bis … ja, bis die eine Kollegin etwas Seltsames tat. Mit dem Argument, sich frisch machen zu wollen, bog sie nicht Richtung des Waschraumes ab, sondern betrat den Schlafraum von Britta. Sie war einfach neugierig. So stöberte sie, wie sie meinte ungesehen, am Schreibtisch der Kollegin. »Ach, was haben wir denn da«, sagte sie zu sich selbst und hielt das Tagebuch in der Hand. Da Britta es nicht verschlossen hatte, konnte sie darin blättern. »Oh, das ist ja leer, schade auch.« Mit Daumen und Zeigefinder hatte sie schnell in dem Buch gefingert, aber keine Einträge entdeckt. Sie wollte noch länger blättern, aber plötzlich ließ sie das Tagebuch fallen.

Der Wolf war ihr nämlich gefolgt. Grimmig stand er nun hinter ihr und knurrte böse. Es war wie bei dem Überfall von damals. Sehen konnte die niederträchtige Mitarbeiterin das Tier nicht, aber seltsamerweise konnte auch sie ihn hören. Sie drehte sich hektisch im Kreis, sah aber keinen Hund oder ein ähnliches Tier. Mingan hingegen wurde immer giftiger und gereizter. Dies konnte er nicht zulassen. Was hatte diese Frau hier im Schlafzimmer seiner Herrin zu suchen? Und wie unverfroren hatte sie das Buch geöffnet. Das konnte und wollte er nicht zulassen.

Britta hatte den aufgebrachten Wolf gehört. Sie stürzte in ihr Zimmer und sah das Geschehene. Auch sie war empört. »Was machst du da? Du solltest dich schämen, in meiner Privatsphäre zu stöbern.« Hitzig fuhr sie fort. »Du falsche Schlange. Du weißt, wo die Tür ist. Verlasse meine Wohnung, ich möchte dich hier nicht mehr haben.«

»Ich weiß gar nicht, was du willst«, entgegnete diese zuerst frech. »Das Buch hier ist doch total leer. Nicht eine Seite hast du beschrieben, brauchst dich also gar nicht so anzustellen. Du bist eh komisch, hast ein Tagebuch, aber es steht nichts drin. Hast wohl nicht viel erlebt in deinem Leben, was?«

Mingan war inzwischen fuchsteufelswild. So wütend hatte Wakanda ihren Beschützer selten erlebt. Zornig stieß er sich mit den Hinterpfoten ab und sprang die Frau an.

Diese kam ins Wanken und spürte wohl die Gefahr, in der sie schwebte. Ein ganz ungutes Gefühl erfasste sie. Sie wollte jetzt nichts mehr sagen, sondern nur noch ganz schnell der Aufforderung von Britta folgen. »Nichts lieber als das«, dachte die Kollegin. Sie fühlte sich plötzlich wie von mehreren Augenpaaren beobachtet, obwohl doch nur Britta im Raum stand.

Ihr hatten sich sämtliche Körperhaare aufgestellt. Eine tiefe Angst hatte sich urplötzlich in ihr breit gemacht. Sie rannte hinaus, brabbelte noch ein halbherziges »Entschuldigung« und hastete hinaus.

Die anderen Teilnehmer der Feier hatten dieses Ereignis überhaupt nicht wahrgenommen. Die Feier war weitergegangen und auch Britta ließ sich nichts anmerken. Nachdem alle gegangen waren, setzte sie sich müde und erschöpft auf die Couch. »Was war das denn, Mingan?«, erkundigte sie sich beim Wolf. »Hast du gehört, was sie gesagt hatte? Das Tagebuch sei leer. Keine einzige Seite beschrieben? Aber guck hier, es ist doch fast voll.«

Mingan hingegen war sich im Klaren, was passiert war. »Du willst es wissen? Ja, hast du dich denn nie gefragt, warum dein Name Wakanda ist?«

»Du hast mir doch erklärt, er bedeutet, dass ich magische Kräfte habe.« Noch während sie dies aussprach, wurde ihr die Bedeutung klar. »Ach du meinst, ich habe *wirklich* magische Kräfte?«

Der Wolf, ihr Freund und Vertrauter, nickte zustimmend. »Ja, und nicht nur du. Das ist eines der Geheimnisse, die dir der Häuptling nicht genannt hat. Die du selbst herausfinden musstest. Nun weißt du es. Auch das Buch ist magisch und mit dir zusammen gelingt so etwas. Kein anderer Mensch kann in diesem Buch lesen.«

Verdattert hatte Wakanda aufgepasst. »Na das nenne ich mal ein Ding«, rutschte ihr raus. Dabei lachte sie. Stimmt, irgendwann einmal hatte sie sich gefragt, was es vielleicht noch so mit dem Buch auf sich hatte, es jedoch schnell wieder vergessen. Seit längerem hatte sie nicht mehr daran gedacht, ihren Kumpan danach zu fragen. »Ist ja phänomenal, einfach sensationell«, betonte sie. »Da kann ich reinschreiben, was ich will. Und keiner kann es lesen. Super!« Sie kicherte vor sich hin.

»Das bedeutet auch, falls jemand damals in meiner Familie dieses Buch mal gefunden hat oder finden wollte, so konnte er nichts darin entdecken. Meine Sippe, die ja bekanntlich neugierig ist, wird mich für völlig wunderlich gehalten haben. Ein leeres Tagebuch ...« Sie kringelte sich inzwischen vor Lachen. »Die müssen mich für völlig durchgeknallt gehalten haben.« Ihr kamen schon die Tränen. »Klasse, einfach fantastisch«, sprudelte es aus ihr raus. »Ich halte das nicht mehr aus. Das ist total lustig.« Sie war total aufgekratzt. »Manno, ohne diese doofe Kollegin hätte ich das nie herausgefunden. So blendend habe ich mich lange nicht amüsiert«, stieß sie hervor. Meine Anverwandten werden mich für schrullig und verschroben gehalten haben. Alleine diese Vorstellung finde ich klasse.«

Der Wolf nahm ihre Gefühlsäußerungen gelassen hin. Mit diesem Gespräch konnte er nicht viel anfangen. Er wusste um die Mysterien, für ihn war dies nichts Sensationelles. Er kümmerte sich lieber um seine Fellpflege, putzte sich und rollte sich neben Wakanda ein. Dann schlief er ein und träumte vom Indianerhäuptling, den er bald wiedersehen wollte.

7. Das Amulett

Shaman hatte ihr einst bei seinen einleitenden Worten geraten, die Haare des Wolfes bei sich zu tragen. Das hatte Britta verinnerlicht und wollte es gerne tun. Zu Beginn tat sie dieses Haarknäuel in ihren Geldbeutel. Den hatte sie meist bei sich, das sollte also gelingen. Aber auf Dauer schien ihr das nicht der richtige Aufbewahrungsort zu sein.

Sie wollte etwas Stilvolles. Es sollte dem Wert angemessen sein, so meinte sie versonnen. Lange überlegte sie, wie sie diesen Wunsch umsetzen könnte. Dann kam ihr eine Idee. Der Indianer hatte doch gesagt, dass er selbst so etwas um den Hals tragen würde. Aus alten Filmen kannte sie das, da trugen die Indianer einen Talisman, zum Beispiel Bärenkrallen, um den Hals.

Genau so wollte sie es auch haben. Diesen Glücksbringer als Anhänger an einer Kette tragen. Das erste selbstverdiente Geld, welches sie durch Kinder-Sitting verdient hatte, nutzte sie dafür. Mit einem genauen Plan ging sie zu einem der besten Juweliere in der Stadt. Sie wolle von ihm ein Medaillon angefertigt bekommen. Ein kleiner, aber feiner goldener Anhänger sollte es werden. Den sollte er anfertigen. Auf der Rückseite, also verdeckt, sollte es einen kleinen Verschluss geben. Hinter dieser Klappe würde sie dann die Tierhaare unterbringen. Auf der Vorderseite sollte allerdings ein Wolf zu sehen sein. Das wünschte sie sich. Der Juwelier sollte seine ganze Handwerkskunst aufbringen, um einen schönen Wolfskopf dort zu platzieren. Eine Zeichnung hatte sie vorbereitet. Und so, und wirklich nur so, sollte der Wolf aussehen. Das brachte den Schmuckhändler fast an die Grenzen seiner Zunft. Aber er gab sich deutlich Mühe und das Ergebnis sprach für sich. Das Bild, dieser ziselierte Goldanhänger, entsprach Mingan genau. Wunderschön sah dieses Amulett aus. Sie war begeistert. Als der Wolf sein Ebenbild auf dem goldenen Anhänger sah, war auch er begeistert. »Gelungen, einfach gelungen«, bemerkte er entzückt dazu. »Das ist wunderbar geworden. Ich danke dir sehr für deine Ehrerbietung.«

Ehrfurchtsvoll betrachtete er das Kleinod immer wieder. »Dass du mir so viel Reverenz erweist … Danke.« Dann versagte seine Stimme, so gerührt war er.

Wakanda indes freute sich riesig über den Anhänger. Stolz trug sie ihn. Vor allem mit dem Wissen, dass keiner ahnte, was sich wirklich dahinter verbarg.

Bei so mancher Verabredung mit einem jungen Mann war der Anhänger Gesprächsthema. Die Herren wunderten sich öfters über das Abbild des Wolfes. Einige fanden es eher gruselig, doch sie ließ sich nicht abschrecken von den Bemerkungen. Sie erklärte rundheraus, dass sie dieses Tier, mochte es auch ein Wildtier sein, sehr mochte. Niemals würde sie sich von ihrem Medaillon trennen. Das mussten die Herren akzeptieren.

Mingan hingegen war jedes Mal voller Stolz, wenn sie ihn so verteidigte. Geradezu hoheitsvoll saß er dann in ihrer Nähe und hielt seine Nase hoch in die Luft. Er war nicht hochmütig. Aber die Würde war ihm dabei anzusehen. Wakanda, die das Geschehen dann beobachtete, erheiterte es immer. Mit welcher Erhabenheit er sich da positionierte! Später nahm sie ihn, wenn sie wieder alleine waren, auf den Arm. »Na, da hast du wieder sehr selbstgefällig im Restaurant gesessen«, tadelte sie ihn zum Spaß. »Ein Glück, dass die Menschen dich nicht sehen können. So eitel und aufgeblasen, wie du da warst, würde keiner mehr Angst vor dir haben.«

Bisweilen fiel die geschwellte Brust des Tieres danach ein. »Ich bin nicht großspurig, wie du meinst«, gab er zur Antwort. »Ich sitze in voller Erhabenheit neben dir. Deine Lobeshymnen sprichst du ja zu Recht aus«, gab er ihr zur Antwort. Dann stand er würdevoll auf, drehte bei und verließ, fast herablassend, den Raum. Aber es schien, als grinsten beide dabei.

8. Shaman und weitere Erklärungen

Der Indianerhäuptling hatte wirklich nicht zu viel versprochen. Nachdem ca. vierzig Tage vergangen waren, dachte Wakanda an den alten Mann. Und siehe da, plötzlich stand er vor ihr. In der schönsten Indianerkleidung, die man sich nur vorstellen konnte. Weiche Ledersachen und einen herrlichen Kopfschmuck trug er. Trotzdem war sie nicht mal erstaunt und meinte sogleich zu ihm: »Du siehst eindrucksvoll aus! Aber vor allem freue ich mich, dich wiederzusehen.« Dabei umarmte sie ihn herzlich.

Der Wolf hingegen war nicht so beherrscht, er war völlig außer Rand und Band. Er sprang an dem Indianer hoch und heulte aus voller Kehle, so sehr freute er sich.

Wakanda nutzte die Zeit und betrachtete den Indianer von oben bis unten. Die Kleidung war wirklich hervorragend. Sie bestand aus einem Hemd und bequemen Leggins aus Wildleder. Dazu trug er Mokassins, die aus Hirschleder gearbeitet schienen. Um den Hals war eine ansehnliche Kette aus Bärenkrallen zu sehen.

Auf dem Kopf hingegen trug er eine imposante Federhaube aus Adlerfedern. Das, so erklärte er ihr später, würde er nur zu besonderen Anlässen tragen. Und heute, heute sei halt so ein Tag. Wirklich, sie hat dies nur einmal zu sehen bekommen. Bei späteren Besuchen trug er sie nicht mehr.

Sie hatten sich so viel zu erzählen. Alle hockten sie auf dem Boden und besprachen die ganzen Ereignisse, die sie alle in der letzten Zeit erlebt hatten. Es war eine ausgelassene Stimmung.

Als die wichtigsten Sachen erzählt waren, schaute der Indianer Wakanda an und fragte nach ihren Zukunftswünschen.

»Ach«, meinte sie daraufhin versonnen. »Ich weiß nicht so Recht. Es ist ja ganz schön hier, aber ob ich hier richtig angekommen bin?«

»Was meinst du damit genau?« fragte Shaman nach.

»Irgendwie ist es ja gut, mit Menschen zusammen zu sein, so in einem Ort«, fügte sie hinzu. »Aber es zieht mich woanders hin. Gerne würde ich mir Tiere halten zum Beispiel.«

Der Indianer hatte genau zugehört und dabei eine Augenbraue gehoben. »Ja, das kann ich nachvollziehen«, meinte er.

»Du bist dafür ausgesprochen geeignet, dafür prädestiniert. Was genau hast du dir vorgestellt?«

»Tja, so ausgereift habe ich noch nicht darüber nachgedacht«, gab sie zu. »Aber ich möchte Hunde und Katzen halten. Vielleicht auch Pferde. Bedingung wäre nur, dass sie sich frei bewegen dürften.« Versonnen hatte sie dabei in die Ferne geschaut.

Der Wolf hatte der Unterhaltung ebenfalls interessiert gelauscht. »Na das sind ja Aussichten«, dachte er. Ein völlig neuer Lebensabschnitt würde da kommen, dachte er verwundert. Aber sei es drum, es klang prima. Er wäre dabei, das würde sicher mehr Spaß machen, als seine Herrin in Lokale und Restaurants zu begleiten. Kaum gedacht, fing er bereits an, sich darauf zu freuen. Seine Augen leuchteten und schauten Wakanda begeistert an. »Ich bin dabei«, signalisierte er. »Wann geht es los?«

Auch der Indianer war sehr angetan von dieser Idee. Als sie die Begeisterung der beiden wahrnahm, rief sie aus: »Halt, Stopp, das war doch erst ins Unreine gedacht. Das habe ich noch nicht zu Ende überlegt.« Aber es war wohl zu spät. Ihre beiden neben ihr schmiedeten praktisch schon die besten Pläne. Aber da sie ebenfalls müde vom Erzählen waren, endete es bald, sie verabschiedeten sich und vertagten die Einzelheiten. Der Indianer umarmte beide herzlich. Dann wurde er immer durchsichtiger in der Ausstrahlung, bis er letztlich ganz verschwunden war. Wakanda und der Wolf gähnten herzhaft und legten sich schlafen. Sie träumten beide von einem neuen Heim, jeder auf seine spezielle Weise.

Nun erschien der Häuptling fast wöchentlich. Alle genossen diese Treffen. Bei jedem Beisammensein strahlten sie sich an und genossen dies ausgiebig. Der Indianer indes hatte den Gedanken eines neuen Heimes verinnerlicht. Eines Tages kam er unverhofft und hielt sich gar nicht lange mit einer Vorrede auf. »Wakanda«, sprach er bedeutungsvoll, »Deine Absicht ist doch ein neues zu Hause, richtig?«, erwartungsfroh sah er sie dabei an. »Ich habe mich für dich umgesehen«, führte er aus.

Völlig überrumpelt starrte sie ihn an. »Ja«, kam es zögerlich von ihr.

»Wie gesagt, ich habe mich für dich umgesehen und genau das Richtige für dich gefunden.«

Sie wiederholte seine Worte kraftlos. »Das Richtige gefunden?!«

»Ja«, bestätigte er begeistert. Dass sie nicht so angetan war, schien er nicht zu bemerken, oder es kümmerte ihn nicht. »JA! Stell dir vor, im nächsten Ort, ganz am Ortsrand, da gibt es ein kleines Holzhaus. Genau das Richtige für dich! Nicht zu klein und nicht zu groß. Passend für dich, den Wolf und was weiß ich, für wen noch. Das Häuschen ist ein Traum. Dazu gehört eine Veranda, die ringsum gebaut ist. Du kannst dort auf einem Schaukelstuhl sitzen und den Ausblick genießen«, schwärmte er. »Doch wirklich, es ist perfekt. Du sitzt auf der Veranda und schaust auf ein Stück Weide, das gehört dazu. Und daran grenzt der Wald.« Er endete beglückt und strahlte sie an. Und als sie immer noch nichts sagte, schaute er sie genauer an. »Du, das ist *wirklich* etwas für euch«, gab er leidenschaftlich, aber etwas gebremster von sich. »Ich schwärme nicht ohne Grund davon. Das Grundstück wird dir gefallen. Alles passt. Genügend Platz für Pferde und Hunde. Alle können sich austoben. Und in die Stadt hast du es eigentlich nicht so weit. Alles machbar.« Er war Feuer und Flamme von seiner Idee. »Schau es dir wenigstens an.« Inzwischen hatte er den Kopf zur Seite geneigt und lächelte sie verheißungsvoll an.

Da konnte sie nicht anders als lachen. »Ist ja schon gut«, gluckste sie. »Irgendwie kann man dir nicht widerstehen«, rutschte es ihr raus.

Und so passierte es, dass Wakanda sich dieses kleine Stück Land ansah. Im Gefolge hatte sie natürlich den Häuptling und den Wolf, die keiner sah.

Der Indianer hatte tatsächlich Recht. Ein wunderbares Stückchen Land mit einem Blockhaus. Es war exakt, wie er es beschrieben hatte. Und auch sie war gleich davon angetan. Es schien direkt auf sie zugeschnitten, nicht zu klein, nicht zu groß. Auch sie verliebte sich spontan in diese Anlage. Das Haus war perfekt. Sie fühlte sich augenblicklich wohl darin. Hier konnte sie die nächste Zeit verbringen. Na besser, hier wollte sie in Zukunft leben. Das Leben genießen und so gestalten, wie sie es vorhatte.

Das alles war ein reiner Glücksfall. Das Haus hatte einer alten Dame gehört. Diese hatte alles liebevoll ausgestattet, die weibliche Handschrift in der Gestaltung der Räume war nicht zu übersehen. Aber es war nicht kitschig eingerichtet, eher praktisch und schön. Außerdem ausgesprochen harmonisch und sauber.

In ihrem Job hatte sie bereits vorgefühlt und nachgefragt, ob sie ein sogenanntes Home-Office machen dürfte. Dies würde bedeuten, einige Tage von zu Hause arbeiten zu können und nicht ins Büro fahren zu müssen. Zu ihrem Erstaunen gab es dort keine Hindernisse, im Gegenteil. Ihr Arbeitgeber signalisierte, er bräuchte eh ihr Büro für einige Aushilfen. Damit kam ihm diese Anfrage sehr gelegen und so konnten sie sich schnell über die Konditionen einig werden. Alles lief perfekt ab, als hätte es das Schicksal derart vorgesehen.

Und mit der Umschreibung des Hauses klappte auch alles hervorragend. So konnte innerhalb weniger Monate alles geregelt werden und sie konnte einziehen.

Und ebenso schnell konnte sie auch ihre Ideen umsetzen. Alles lief wie am Schnürchen.

Innerhalb kürzester Zeit nannte sie zwei Pferde und einen Esel ihr Eigen, die sich zudem prima miteinander verstanden. Der Wolf fühlte sich ebenfalls wohl. Er fand seine neue Umgebung enorm. Die Tiere mochte er. Außerdem konnte er durch den nahen Wald streifen, wie es ihm gerade in den Sinn kam. Alles war toll!

9. Ein besonderer Tag

Als sie sich auf den Weg in die Stadt machte, um einzukaufen und bummeln zu gehen, da wusste sie noch nicht, dass dies ein besonderer Tag werden würde.

Sie hatte ihre Einkäufe erledigt und sehnte sich nach einer kleinen Pause und einem Kaffee. Gedacht – getan. An einer Straßenecke sah sie ein kleines Restaurant. Hier gab es Kaffee und Kuchen und auch Kleinigkeiten als Snack.

Die hübschen Stühle und kleinen Tische waren auf dem Bürgersteig recht nett zusammengestellt. Da konnte sie nicht widerstehen.

Mingan, der sie stets begleitete, trollte sich und verzog sich an die Straßenecke, zwar in Sichtweite zu ihr, aber er wollte eher seine Ruhe haben.

Kaum hatte sie sich hingesetzt, als ein gemütlicher Kellner nach ihren Wünschen fragte. »Ach, nur eine Kleinigkeit, wenn ich darf«, signalisierte sie. Und der Ober bekundete, dies sei kein Problem, und brachte den Kaffee mit Milch und Zucker. Plötzlich saß sie im Schatten. »Darf ich mich zu Ihnen setzen?«, fragte ein junger Mann, der sich zwischen sie und die Sonne geschoben hatte.

Sie sah auf und sah einen sonnengebräunten, fröhlichen Mann.

»Ja, sicher«, antwortete sie. Obwohl sie eigentlich lieber alleine geblieben wäre. »Nehmen Sie ruhig Platz.«

Er zog sich den Stuhl heran und schaute sie aufmerksam an. »Was ist?«, fragte sie leicht verunsichert. »Warum starren Sie mich so an?«

»Ach, ich wollte mir nur die Frau ansehen, die einen derart schönen Hund hat«, meinte er.

»Einen Hund? Ich habe keinen Hund.«

»Na doch, den, der dort hinten liegt«, gab er zur Antwort. »Ich habe Sie bereits ein paar Mal hier im Ort gesehen. Und immer folgte Ihnen dieser ausnehmend schöne Hund. Da wollte ich mehr über Sie wissen.«

»Sie haben mich verfolgt?«, erwiderte sie entrüstet.

Er blieb ganz ruhig, trotz dieser Anschuldigung. »Nein, nicht verfolgt. Aber Sie sind eine schöne Frau. Und nach der dreht man sich als Mann ohnehin mal um.« Er grinste dabei frech. Um sie aber nicht zu sehr herauszufordern, sprach er gleich weiter. »Also, ich finde, dass Sie eine interessante Frau sind. Zudem immer in Gegenwart dieses tollen Tieres. Da wollte ich mehr wissen. Aber ich möchte Sie nicht bedrängen! Wenn ich nicht mit Ihnen reden darf, dann stehe ich sofort wieder auf und gehe. Ganz, wie Sie es wünschen.«

Irritiert hatte sie zugehört. Geschmeichelt war sie auch ein bisschen, dies musste sie zugeben. Aber noch spannender fand sie die Tatsache, dass er den Wolf sehen konnte. Das ging einwandfrei aus seinen Worten hervor.

Sie blickte sich um. Dort hinten lag Mingan. Der hatte inzwischen mitbekommen, dass seine Herrin nicht mehr alleine war. Den Kopf hatte er gehoben und die Ohren gespitzt. Er guckte sich den jungen Mann an, konnte aber keine Schlechtigkeit entdecken. Eher bekam er dessen Interesse an Wakanda mit. Doch das kannte er. Das war nichts Neues. Er würde aufmerksam bleiben, aber im Moment war nichts zu tun. Er schloss die Augen wieder und rollte sich zusammen.

Der junge Mann sah Britta noch immer an. Sie musste etwas sagen, dachte sie. Da fiel ihr etwas ein. Sie schaute unter den Tisch und meinte: »Aber ich bin heute ohne Hund. Kein Hund weit und breit.« Sie lächelte ihn an. Nun würde sich ja zeigen, was dieser Mann wirklich sehen konnte und was nicht.

Der aber lachte aus voller Kehle. »Gut gemacht, aber mich legen Sie nicht herein. Dort hinten liegt er doch«. Und er wies in die Ecke, wo Mingan lag.

»Aber nun sagen Sie mir doch endlich, was ist das für eine Rasse? Ist das ein Wolfshund?«

Sie war völlig platt. Der konnte den Wolf also wirklich sehen? Nun gab es keinen Zweifel mehr. Sie errötete. Das hieße ja auch, dass er über besondere Fähigkeiten verfügte. So wie sie?!

Automatisch aber hatte sie genickt. Nun musste sie Weiteres erklären. Was sollte sie nur sagen? Dass es sich wirklich um einen Wolf handelte? »Nein, das geht nicht«, dachte sie. »Aber was dann?«

»Geben Sie es zu, es ist ein Wolfshund«, hörte sie ihn nun sagen.

Ja, das ginge. Und laut sprach sie: »Sie haben Recht, es ist ein Wolfshund. Ein seltenes Exemplar, aber ganz friedlich.«

»Was sage ich hier«, schalt sie sich. »Warum erzähle ich so etwas? Das ist doch sonst gar nicht meine Art.«

Er hatte ihr aufmerksam zugehört. »Oh, wo bleiben meine Manieren. Ich habe mich noch nicht vorgestellt. Ich heiße Florian.« Dabei streckte er ihr die Hand entgegen. Diese war weich und warm und sie bekam im selben Augenblick eine Gänsehaut. Es prickelte am ganzen Körper, stellte sie fest. »Was ist hier nur los?« Eilends zog sie die Hand wieder zurück. Sie wollte sich nichts anmerken lassen. Doch ihm schien es ähnlich gegangen zu sein. Erstaunt hatte er auf seine Hand und seinen Arm geschaut. »Na das kann ja was werden«, überlegte er. »Ich hatte mir eh gedacht, diese

Frau mit diesem Wolfshund ist etwas Besonderes. Aber dass ich so Recht haben könnte? Was für ein Erlebnis.«

Dieser irritierende Augenblick ging aber schnell vorbei. Binnen kürzester Zeit unterhielten sie sich locker. Sie erzählten sich Dinge, die sie kaum jemandem bisher mitgeteilt hatten. So versicherten sie sich jedenfalls. Dann sah Florian in ihren Ausschnitt. Schnell legte sie die Hand darauf. »Nein, nein«, meinte er. »Nicht das schöne Medaillon verdecken«, rief er aus. »Britta, dies hast du sicher nach dem Vorbild deines Hundes machen lassen, was?«, fragte er. Inzwischen waren sie nämlich beim »Du« angelangt. »Es sieht ihm zum Verwechseln ähnlich. Da hat dein Juwelier aber ganze Arbeit geleistet.«

Sie hatte die Hand weggenommen. Also den Anhänger hatte er so genau betrachtet. Sie war erleichtert. »Ja, der ist nach meiner Zeichnung gearbeitet worden. Hat er wirklich gut gemacht!«, bestätigte Britta. »Und du, Florian, du hast meinen Hund immer gesehen, wenn du mich gesehen hast?«

»Na klar, wie kann man den übersehen? Der ist doch immer bei dir. Er hat mir sofort gefallen. So ein geschmeidiges Tier. Ausfallend gut geraten und eine ungewöhnliche Fellzeichnung hat er. Am Anfang dachte ich, es sei wirklich ein Wolf. Aber das kann ja kaum sein, dachte ich mir. Aber weißt du was? Ich muss jetzt leider gehen, ich habe noch etwas zu tun.« Als er ihren fragenden Blick sah, fuhr er fort. »Ich bin Journalist und muss meinen fertigen Artikel noch bei der Zeitung abgeben. Sonst bekomme ich Ärger mit dem Redakteur. Das verstehst du doch?« Er war inzwischen aufgestanden. »Aber ich möchte dich dringend wiedersehen! Und noch mehr über deinen Hund – und dich – erfahren. Wie wäre es in einer Woche hier am selben Platz? Ist das machbar für dich?«

Forschend musterte er sie. Auch sie hatte in den letzten Minuten Gefallen an ihm gefunden. Gerne wollte sie auch mehr über ihn wissen. Und dass Mingan nicht reagiert hatte, ließ nur Gutes ahnen. »Böse kann der also nicht sein«, schätzte sie. »Hallo«, hörte sie seine Stimme erneut. »Bist du noch da? Du siehst ganz verträumt aus. Habe ich eine Chance – nächste Woche?«

»Ja, natürlich, entschuldige bitte«, erwiderte sie. »Ich habe in Gedanken an meinen Terminkalender gedacht. Alles gut, das klappt sicher.«

»O.K., dann tschüss bis kommende Woche«, rief er ihr noch zu. Dann war er fort.

»Boahhh, was war das denn? Ich glaube, ich habe mich in den Florian verguckt. Komm Mingan, wir gehen nach Hause, es ist Zeit.«

Zu Hause ließ sie sich nochmals alles durch den Kopf gehen. Wow, was für eine Erfahrung. Und sie stellte fest, wie sehr sie sich auf die nächste Woche freute.

Mingan entging das Ganze naturgemäß nicht. Oh, das kannte er seit langer Zeit von seinem früheren Herrn, als Shaman seine Squaw seinerzeit kennengelernt hatte. Da sahen die beiden auch so aus und hatten eine ebenso rosa Ausstrahlung, wie er sie jetzt an Wakanda wahrnehmen konnte. Und auch dieser Florian sah ähnlich aus. Da hatte es nur noch mehr gesprüht in der Aura, fand er.

»Da kann man auch nicht viel mehr machen«, das wusste er. »So arbeitet wohl die menschliche Natur«, meinte er.

Als der Indianer zu Besuch kam, hatte der das auch gleich begriffen. »Es freut mich für dich, mein Kind«, meinte er. »Das scheint ein anständiger Kerl zu sein. Prüfe ihn gut, ob er zu dir passt – und dann greif zu.« Er lächelte dabei wissend. »Wenn er Mingan sehen kann, dann scheint er ein guter Mann zu sein. Bösen Menschen wird diese Gabe des Sehens schnell wieder genommen«, fügte er hinzu. Das waren genau die Worte, die sie gerne hören wollte. Sie hatte sich wirklich in Florian verliebt. In dieser kurzen Zeit, beim ersten Treffen.

»Tja, es gibt sie wohl tatsächlich, die Liebe auf den ersten Blick«, gestand sie sich ein. Dann plötzlich erfasste sie Panik. Ob er wohl kommen würde? Selbstzweifel quälten sie. Vielleicht war er doch ein sogenannter Hallodri? Hatte sie sich alles nur einbildet? War er einfach nur auf ein Abenteuer aus? Wollte er nur seinen Spaß und meinte es nicht ernst? Ach, in ihrem Kopf ging alles drüber und drunter. Aber es half nichts, sie musste bis zum nächsten Treffen ausharren. Sie hatte keine Telefonnummer. Er hatte zwar viel erzählt, aber Schlüsse zu seinem Leben konnte sie nicht wirklich daraus ziehen.

Und dann war es endlich soweit! Sie hatte sich nett hergerichtet und machte sich auf den Weg zum Restaurant. Sie hätte sich keine Gedanken zu machen brauchen, er wartete bereits auf sie. Auch er schien zuerst angespannt. Vielleicht hatte er ebenfalls überlegt, ob sie kommen würde. Mingan hatte sich wieder verkrümelt und tollte mit anderen – unsichtbaren – Wölfen herum.

Alles war gut mit einmal. Sie unterhielten sich prächtig und es war, als würden sie sich längst kennen. Sie lachten und scherzten, es war einfach großartig. Ein wunderbares und schöneres Treffen als beim letzten Mal. Von nun an sahen sich öfter und nach einigen Monaten schon zog er zu ihr, in ihr Haus.

Dass Mingan ein wahrhaftiger Wolf war, der von anderen Menschen nicht gesehen werden kann, das hatte sie ihm nach einiger Zeit anvertraut. Er hatte sich so etwas ohnehin gedacht. Hatte er doch mitbekommen, dass andere Leute auf den Wolf nicht reagierten – ihn nicht wahrnahmen. Außerdem hatte Florian selber einige Talente, die anderen verborgen blieben. So konnte er – wie er wusste – die Ausstrahlung der Mitmenschen in Farben sehen. Da seine Mitmenschen ihn für »nicht ganz bei Trost« hielten, hatte er es aufgegeben, darüber zu reden. Nun konnte er dieses Wissen und diese Erfahrungen mit Britta teilen. Was für eine Erleichterung. Das Schicksal hatte also wirklich zwei Seelenverwandte zusammengeführt. Was für ein Segen! Sie waren sprichwörtlich »ein Herz und eine Seele«.

Mingan reagierte nicht eifersüchtig, wie Wakanda zuerst ängstlich vermutet hatte. Und auch der Indianer war glücklich, die beiden zusammen zu sehen. Seine Besuche hatte er etwas eingeschränkt, was, zugegebenermaßen, Wakanda überhaupt nicht bemerkte. Glücklich waren die beiden und genossen ihre gemeinsame Zeit.

10. Weitere wichtige Enthüllungen

Dieses Glück zwischen den beiden hielt unleugbar an. Es war wunderbar. Nur ein Wunsch, den Wakanda hatte, schien sich nicht zu erfüllen. Sie hatten keinen Nachwuchs, wo sie sich doch ein Kind gerne gewünscht hatte. Obwohl sie dann doch nicht so viel darüber nachdachte, denn etwas anderes schob sich in ihrem Leben in den Vordergrund. Sie hatte schon immer ein gutes »Händchen«, wie es so schön heißt, für ihre Tiere. Sie spürte augenblicklich, wenn eines ihrer Pferde zum Beispiel krank wurde. Gleich am Anfang spürte sie dies. Ein gewisses Unbehagen überfiel sie. Augenblicklich wusste sie, was zu tun war. Manchmal reichte es, wenn sie dem Tier viel Gesundheit wünschte.

Ein anderes Mal war es besser, wenn sie ihre Hände auf die Stelle legte, wo es den Tieren wehtat. Bauchschmerzen gingen rasch weg. Sie wusste halt auf der Stelle, was den Tieren gut tun würde. Bisweilen war sie selbst überrascht, welche Gedanken für eine Heilung ihr in den Sinn kamen. So kam es, dass sie zuweilen Pflanzen suchte und damit den Stall ausräucherte. Das passierte automatisch, bewusst tat sie dafür nichts. Aber es half mehrmals!

Als dies wiederholt so geschah, dachte sie darüber gezielt nach. Sie wurde ruhiger und in sich gekehrter. Gerne wollte sie dieses Geheimnis lüften. Dann kam ihr eine Idee. In einem ruhigen Moment rief sie Mingan und die Rothaut zu sich. Die beiden ahnten schon, worum es gehen sollte, und waren gut vorbereitet.

»Ach was«, lächelte der Indianer. »Bist du dahinter gekommen, dass es noch mehr gibt als das Buch und Mingan?«

»Ich wollte von euch wissen, was das mit meinem Gefühl auf sich hat. Verschiedentlich habe ich diese Gedanken im Kopf, wenn es meinen Hausgenossen nicht gut geht. Wenn sie krank sind, habe ich streckenweise ganz starke Gefühle und weiß genau, was helfen würde. Manchmal bin ich selbst überrascht. Diese Gedanken scheinen ganz tief in mir drinnen verankert zu sein. Oder was sagt ihr?«

Mingan hatte sich einfach nur zu ihnen gesellt. Er saß zu Füßen des Indianers und zeigte durch seine Haltung, dass er sich rauszuhalten gedachte. Sollte doch der Indianer sprechen. Und das tat dieser auch.

»Du hast gewissermaßen Recht, liebe Wakanda«, kam die Antwort. »Du hast uraltes Wissen in dir. Das kann in solchen Situationen aufsteigen und dir helfen. Allerdings nur, wenn du es wirklich möchtest und empathisch bist. Es absolut möchtest, sozusagen. Dann hilft dir deine Erfahrung aus früheren Leben.«

So fremd ihr diese Antwort war, fühlte es sich altbekannt an. Wakanda war ganz angetan von dieser Antwort. »Irgendwie habe ich so etwas gespürt. Es ist aber gut, es von dir zu hören. Du hast bisher immer die Wahrheit gesagt und mich nie getäuscht.«

Der Indianer war bedächtig geworden. »Du hast dir längst deine eigenen Gedanken gemacht, dies habe ich dir in letzter Zeit angesehen. Du hast zuerst selbst versucht, diesen Dingen auf den Grund zu gehen. Deswegen kann ich dir auch schnell Antworten geben. Deine Aufgabe war es zunächst, es selbst herauszufinden. Wenn man dann auf Hilfe hofft, so wird sie einem gegeben.«

Wieder gab es einen Moment Pause. Alle waren sich der Bedeutung des Augenblickes bewusst. Sie hatte hier eine heilige Wahrheit erfahren. Dies war ein bedeutsamer Moment. Den durfte man nicht mit sinnlosem Geplapper vertun.

Der Indianer deutete mit dem Zeigefinger der rechten Hand auf sie. »Aber ich weiß, du hast noch eine Frage. Stelle sie ruhig.«

In der Tat. Wakanda wollte erfahren, warum sie und ihr Mann – sie hatten inzwischen geheiratet – zwar glücklich waren, aber keine Kinder bekommen konnten.

Und so richtete sie diese Frage an ihn. Er nickte langsam und zustimmend. »Ja, ich wusste es zwar, musste es aber durch dich hören. Siehe«, begann er nach einer Weile, »setz dich zu mir und höre mir mit offenem Herzen zu. Es ist vielleicht nicht ganz einfach … obwohl es eigentlich einfach ist. Schwierig, was?«, fügte er an. »Es ist wie mit dem plötzlichen Wissen, was zu tun ist, wenn jemand erkrankt. Ich offenbarte dir, dass du das Wissen aus deinen früheren Leben bekommst. Du erinnerst dich daran und es ist plötzlich in deinem Kopf, nicht wahr?« Aber ohne abzuwarten, führte er weiter aus. »Ich weiß, du hast blitzartig auch Bilder aus vergangenen Zeiten gesehen. Ich hatte es dir angesehen. Das sind Bilder von früher – aus früheren Leben. Man lebt nicht nur einmal auf dieser Erde. Man macht hier viele Erfahrungen – ihr nennt das, glaube ich, Inkarnationen. Aber wie immer das genannt wird … es ist egal. Wir dürfen öfter auf die Erde kommen, um die verschiedensten Erfahrungen zu sammeln und an der Seele reifer zu werden. Und wenn wir etwas nicht gelernt haben, wie in einer Schulklasse, wenn wir also das Klassenziel diesmal nicht erreicht haben, so dürfen wir dies nachholen, wieder lernen und vertiefen. Oder, bei früheren, eher nicht so günstigen Entscheidungen, können wir dies nochmals überdenken, es nochmals ähnlich erleben und es auch durchaus besser machen. Bis wir das sogenannte Klassenziel erreicht haben. Verstehst du das so weit? Es ist so herrlich einfach, dass man es kaum glauben mag, aber es ist tatsächlich genauso!«

Hier endete er erst einmal, um zu sehen, ob Wakanda dies wirklich verstanden hatte und nachvollziehen konnte. Das war der Fall, denn sie nickte zustimmend. So weit – bzw. so ähnlich hatte sie auch bereits gedacht. Das war einfach einleuchtend und folgerichtig. Da konnte keiner drum rum. So ließen sich alle Geschehnisse der Menschen logisch erklären, fand sie. Also nickte sie erneut und signalisierte, dass sie hier mit seinen Äußerungen übereinstimmte.

»Gut, dann kann ich dir die weiteren Sachen preisgeben. Keine Kinder, ja? Du hast dir für diese Runde auf dem Erdball eine Aufgabe gestellt. Du wolltest etwas ganz bestimmtes tun, dieses Mal. Ja, schau nicht so erstaunt. Für dieses Leben wolltest du Heilung an die Erde und die Tiere geben. Das war dein erklärtes Ziel. Du hattest dich so entschieden! Beides, Kinder und diese Entscheidung, konntest du nicht unterbringen. Und somit musstest du dich selbst entscheiden. Ich glaube, in deinem Innersten fühlst du meine Aussagen gerade nach. Stimmt doch, oder?« Und erneut sah er sie zwar aufmerksam an, unterbrach sich aber nicht. »Ich fühle es, so wie *du* es merkst. Alles ist stimmig. Ich sehe es dir an und brauche gar nichts weiter überbringen.« Und damit endete er.

Und tatsächlich, es stimmte. Sie hatte jedes seiner Worte innerlich gefühlt. Nicht nur mit den Ohren gehört, nein, ihr ganzer Körper war in Einklang mit dem Indianer gewesen. Es bedurfte keiner weiterer Schilderungen. Sie empfand die Wahrheit im Inneren. Alles fühlte sich zwar ernst und doch heiter an. Sie wusste nicht, wie das sein konnte, aber so war ihr Empfinden. Und auch glücklich war sie. Obwohl es natürlich einerseits schade war, dass sie keine Kinder bekommen würde. Doch sie hatte öfter Bilder im Kopf gehabt. Bei diesen inneren Bildern hatte sie mit ihren eigenen Kindern gespielt und getollt. Endlich konnte sie es nun zuordnen. Das waren also frühere Leben gewesen. Wie schön. Sie musste nichts missen. Sie hatte ja mal Nachwuchs gehabt und war glücklich gewesen.

Nun wollte sie sich auf dieses Leben konzentrieren. »Hast du noch weitere Fragen, oder war es das?«, fragte der Indianer nach.

»Danke, lieber Shaman«, meinte sie versonnen. »Nein, jetzt weiß ich Bescheid. Irgendwie hatte ich das Gefühl, die Antwort auf meine Fragen war ohnehin in mir drinnen. Danke nochmals für deine Ausführungen.« Shaman verbeugte sich leicht und wurde nach und nach durchsichtiger, bis er endgültig verschwand.

11. Der Kreis schließt sich

Die bemerkenswerten Äußerungen des Indianers hatten ihr sichtlich gut getan. Ihre Seele fühlte sich *noch* leichter an, als bisher. Jedes Mal wenn sie wieder einem Tier helfen konnte mit ihrer Heilkraft, war sie selig. Beschwingt konnte sie in die Zukunft sehen und arbeiten.

Sie hatte einen guten Ruf für Tierheilungen in der Gegend und somit ein gutes Auskommen. Reichlich Menschen kamen zu ihr – und auch zu ihrem Mann. Es hatte sich inzwischen herumgesprochen, dass auch Florian so einige Talente hatte, die dem »normalen« Menschen abgingen. Da alles zum Wohl der Tiere geschah, mochten die Menschen aus der Umgebung sie beide gut leiden. Die Tiere naturgemäß sowieso. Sie spürten die Hilfe auf der körperlichen und geistigen Ebene unverzüglich, die ihnen das Pärchen angedeihen ließ.

Und was keiner zuerst gedacht hatte, ebenfalls auf die Menschen hatte dies eine positive Wirkung. Die brauchten jedoch länger, bis sie eine Veränderung an sich wahrnahmen. Aber allen gleich war, dass das Verhältnis von

Mensch zu Tier sich sofort besserte. Die Besitzer konnten ihre Tiere besser verstehen und gingen dadurch auch freundlicher mit ihnen um. Das genossen die Pferde, Katzen und Hunde, halt alle Tiere.

Einige schöne Jahre arbeiteten sie und die Zeit verging. Sie wurden älter und ein bisschen ruhiger vielleicht auch. Wenn Wakanda in den Spiegel schaute, so bemerkte sie doch so nach und nach, wie aus kleinen Fältchen im Gesicht größere Falten wurden. Und so das eine oder andere altersgemäße Zipperlein sich ebenfalls einstellte. Das machte ihr nichts aus. »Aus meinem Gesicht kann man lesen, was ich so erlebt habe«, erklärte sie bei Nachfragen von Freunden. »Und meiner Lachfalten schäme ich mich nicht, müsst ihr wissen.«

Was ihr allerdings in diesem Zusammenhang auffiel, war, dass Mingan, ihr Vertrauter, sich überhaupt nicht veränderte. Er blieb immer im selben Alter und veränderte sich tatsächlich nicht. Als sie ihn fragte, wedelte er fröhlich mit dem Schwanz und entgegnete leicht schnippisch: »Bist neidisch, was? Du wirst älter und ich bleibe so in der Kraft und in dem Saft meiner Jahre!« Sagte es und es schien, als grinse er von einer Lefze zur anderen. »Ich habe mich schon gefragt, wann du es endlich merkst und mich darauf ansprichst.« Nun blitzten auch noch seine Augen schelmisch. Er konnte sich nicht zurückhalten und genoss den Augenblick sichtlich.

»Das macht dir Spaß, was? Mich älter werden zu sehen und du selbst veränderst dich nicht. Und ja, ich bin wirklich ein bisschen neidisch.«

Nun blickte Mingan entsetzt auf sie. »Reingefallen«, stieß sie lachend hervor. »Hi hi, reingefallen«, wiederholte sie. »Ich wollte nur wissen, wie du reagierst«, prustete sie heraus. »Nein, im Ernst. Ich bin nicht neidisch. Es ist nur interessant, es zu wissen. Wäre ja auch doof, wenn dein Fell alt und struppig würde. Das wäre nicht schön, wenn ich dich streicheln will und im ungepflegten Fell mit den Fingern hängenbleiben würde«, fügte sie noch lachend hinzu. Mingan überlegte kurz, beleidigt zu sein, aber dann entschloss er sich auch, darüber zu lachen. So ging es beiden gut und das Thema war ein für alle Mal erledigt. Das heißt, so einfach war es doch nicht. Etwas später kam sie nochmals auf das Thema zurück.

»Mingan«, begann sie. »Nun weiß ich ja, dass der Indianer vor seinem physischen Tod nach einem Nachfolger gesucht hat. Wie sieht es aus, wenn ich mal von der Erde gehe? Werden wir auch nach einem Nachfolger suchen?« Etwas schmerzlich hatte sie das Gesicht dabei verzogen. So einfach war es dann wohl doch nicht. »Wirst du immer wieder einen Nachfolger haben?«

»Du hast Recht«, entgegnete er langsam. »Ich hatte viele Gefährten, die ich im Leben begleiten durfte. Und um ganz ehrlich zu sein, beim Indianer ist es mir freilich sehr schwer gefallen, ihn gehen zu lassen, einen neuen Begleiter zu finden und sich auf diesen einzustellen.« Er sah ihre bestürzten Augen. »Nein, nein, das hast du jetzt falsch verstanden. Ganz falsch verstanden«, versicherte er ihr schnell. »Was ich meine, ist Folgendes: Bereits beim Indianer, als ich noch nichts von dir wusste, hatte ich das Bedürfnis, mit ihm gehen zu wollen. Ich habe so viel erlebt. War bei so vielen Menschen, so unglaublich vielen Erdenmenschen. Habe mit ihnen gelebt und ihnen beigestanden und geholfen. Das war alles toll und sicher richtig so. Aber, wie gesagt, schon beim Häuptling wäre ich gerne mitgegangen. Ich habe so das Gefühl, als wäre mein Soll erfüllt. Ich weiß nicht, ob du das verstehen kannst. Es fühlt sich an, als wäre es an der Zeit, dass andere meinen Job übernehmen sollten. Und weißt du, mit dem Leben bei dir ergeht es mir ähnlich, fast *noch mehr* derart. Ich spüre, als wenn der Kreis sich schließt. Kannst du das nachvollziehen?« Erwartungsvoll blickte er sie an.

Sie hatte sich während des Sprechens voll auf ihn konzentriert. Ja, sie hatte das Gefühl, als könnte sie dies auch innerlich nachspüren. Als wenn sie aus einer Seele sprechen würden. Laut sprach sie aus: »Ja, ich ahne, was du meinst. Ich empfinde, wie du das wahrnimmst. Ich bin ganz bei dir«, sprach sie aus.

Versonnen sahen sich die beiden an. Dann meinte sie: »Gut, also weißt du es nicht genau. Ob du irgendwann mitgehen darfst, ist das richtig?«

»Richtig«, stimmte der Wolf zu. Aber irgendwann einmal werde auch ich gehen dürfen«, meinte er dann und seufzte dabei ganz laut.

Darüber erschraken sie beide plötzlich, lachten dann aber herzlich darüber. Damit war der Bann der traurigen Aussage gebrochen. Sie setzten sich zusammen und kuschelten miteinander. Das tröstete. Und wirklich, nun wurde dieses Thema nie wieder angesprochen. Es war alles gesagt.

Was sie allerdings tun wollte, sie musste sich noch einmal dieses wundervollen Tagebuches annehmen. Behutsam nahm sie es ein letztes Mal, wie sich herausstellte, in die Hand. Sie blätterte vorsichtig Seite für Seite um. Manche Stellen las sie nochmals nach und schaute innerlich auf die Momente, in denen sie dies alles zu Papier gebracht hatte. Fröhliche und auch traurige Momente standen hier. Und sie erinnerte sich daran, dass nur sie selbst dies lesen konnte. Anderen blieben diese Niederschriften verborgen, wie sie damals bei der Party und der Kollegin entdeckt hatte. Sie blickte zurück auf den Augenblick, als sie das Tagebuch zum ersten Mal im Schaufenster des Indianers gesehen hatte. Sie fühlte dabei die seligen Schauer, als sie zum ersten Mal den Wolf erblickte. Wie schön diese herrliche Zeit gewesen war. Nein, sie war nicht traurig, wie man meinen könnte. Sie rief sich die besonderen Augenblicke ins Gedächtnis und war dankbar für alles Erlebte. Sie blickte voller Dankbarkeit auf ihr Leben zurück. Und damit kam urplötzlich der Wunsch, dieses Buch, dieses Tagebuch, einem anderen Kind zu vermachen!

Sie setzte sich auf ihre Veranda in ihren Schaukelstuhl. Die Sonne war schwächer geworden, es war ein warmer Nachmittag. Der Graue hatte sich ebenfalls eingefunden, als wüsste er, dass ein spezieller Augenblick bevorstand.

Sie schloss die Augen und formulierte ihren Herzenswunsch. Sie erträumte sich, dass dieses Buch wieder in die Hände eines jungen Menschen gelangen sollte. Das Tagebuch sollte jemandem beistehen, wie es ihr im Leben geholfen hatte.

Da, was war das? Hatte das Buch in ihren Händen nicht geraschelt? Sie blickte in ihren Schoß, wo das Buch noch immer in ihren Händen lag. Stimmt, es summte, säuselte und knisterte gleichermaßen. Dabei wehten die Seiten, als würde ein Wind hindurchfegen. Es hörte sich an, als wisperte und raunte jede einzelne Seite des Buches. Aufgeregt schaute sie sich den Vorgang an. Dann war es auch schon wieder vorbei. Die Papierseiten legten sich wieder und das Ereignis war vorbei. Was für ein Abenteuer. Sie nahm das Tagebuch hoch und stutzte. Bei diesem Prozess, den sie anscheinend angestoßen hatte, waren sämtliche Eintragungen herausgenommen worden. Alles leer. Sie blätterte das

Buch mit dem Daumen durch. Tatsächlich, keine Eintragungen mehr. Alles, was sie je eingetragen hatte, war nun aus dem Buch genommen. »Aha«, dachte sie. »So ist also mein Wunsch umgesetzt worden, interessant.«

Nochmals wiederholte sie den Vorgang und blätterte herum. Nein, es blieb wirklich so. Keiner ihrer Niederschriften war mehr zu sehen. »Auch schön«, murmelte sie vor sich hin. Dann soll das so sein. Das Buch ist sicher weiser als ich.«

Und dann sah sie doch etwas. Auf der ersten, der allerersten Seite war etwas. Sie wischte sich über die Augen. War das wirklich so oder eine Einbildung? Wirklich, Text war es nicht, aber über der ganzen Seite prangte ein Regenbogen! In allen Farben, wie er auch wirklich am Himmel zu sehen war. Wunderschön anzusehen. Und wieder dachte sie: »Tja, liebes Tagebuch. Du bist doch schlauer als wir. Damit wirst du sicher ein Menschenkind anlocken und auch glücklich machen. Was du noch als Geheimnis diesem Kind, meinem Nachfolger, erweisen willst, muss ich nicht wissen. Du scheinst es jetzt zu erahnen oder gar zu wissen. Beglücke dieses Kind, wie du auch mich verzaubert und glücklich gemacht hast. Und auch den Weg zu meinem Nachfolger wirst du perfekt selber meistern, da bin ich mir ganz sicher. Danke, dass du bei mir warst.« Damit verabschiedete sie sich von dem Buch.

Die nächsten Jahre vergingen harmonisch. Florian arbeitete immer mehr mit seiner Frau zusammen und für die Tiere. Als Journalist schrieb er nun nur noch freiberuflich. Dann gab er schöne Artikel über seine und ihre Arbeit ab. Es ging im Wesentlichen dann um die Tiere. Die Zeitschrift nahm die Berichte gerne an, weil auch die Leser die Intensität der Beiträge spürten und sehr mochten.

So verging wirklich viel Zeit und damit auch Lebenszeit von Wakanda. Sie spürte, wie ihre Kräfte weniger wurden, und sie begann schon eine Weile lang, sich mit dem Thema »von dieser Erde zu gehen« zu beschäftigen. Florian liebte seine Frau sehr, doch auch er musste sich mit diesem Thema auseinandersetzen. Ob er nun wollte oder nicht. Und auch am Verhalten des Wolfs konnte man erkennen, dass ihre Lebenszeit geringer wurde. Er kam immer öfter zu ihr und legte sich zu ihren Füßen. Als wollte er zeigen »ich bin bei dir« und ich gebe dir Kraft. Sie war nicht mehr traurig, wie sie es am Anfang gewesen war, als sie ihr Ende spürte. Sie hatte sich mit der Situation ausgesöhnt. Und ganz im Gegenteil schien es jetzt so, als freue sie sich auf die Zeit danach. Ja, es stimmte. Sie hatte sich inzwischen mit dem Indianer öfter getroffen als noch vor einigen Jahren. Beide hatten sich unterhalten und der Häuptling hatte ihr Einblicke in die Zukunft gewährt, sodass sie keine Bange mehr vor dem Übergang in die andere Welt hatte.

Um den Wolf, Mingan, da hatte sie sich Gedanken gemacht. Ach, zuerst dachte sie, sie würde sehr traurig sein und ihn vermissen. Aber dann fiel ihr ja ein, dass das völlig unbegründet war.

Denn sie hatte ja damals beim Tod des Indianers die Erfahrung gemacht, dass nach ca. 40 Tagen sie sich alle wiedersehen konnten.

Sie würde also nichts vermissen müssen. Außer Florian natürlich, ihren Ehemann. Aber auch hier ahnte sie, dass der Kontakt nicht völlig abreißen würde. Sie wusste um viele seiner Talente. Sie würden einen Weg finden, um auch nach ihrem Weggang zu kommunizieren. Sicher auf einem anderen Weg, aber bestimmt auch ganz natürlich und vertraut. Darauf baute sie.

Tja, und dann, eines Tages, war es dann so weit. Florian war dabei, als sie, seine Frau, den letzten Atemzug auf dieser Erde tat. Auch der Indianer stand am Bett, um sie auf der letzten Reise zu begleiten, und der Wolf stand ebenfalls dabei.

Und da konnte man auch meinen, ein helles Licht um sie herum zu sehen. Sie selbst war nicht traurig, konnte sie bereits verstorbene Familienmitglieder sehen, die sie erwarteten. Es war eine heilige Stille, als dies alles passierte.

Sie verabschiedete sich von ihrem Ehemann. »Sei nicht traurig, bitte. Ich werde es schön haben, ganz sicher. Wir haben so viel darüber gesprochen. Jetzt ist es eben so weit. Auch wir werden uns einst wiedersehen, versprochen. Ich warte auf dich. Bitte nicht weinen. Es ist wirklich schön dort, wo ich hingehen werde. Du weißt es im Urgrund deiner Seele.« Und damit ging sie zu diesem schönen neuen Ort.

Der Häuptling begleitete sie, wie er es ihr einst versprochen hatte. Und der Wolf?

Mingan setzte sich auf und heulte auf. So, wie ein richtiger Wolf halt heult. Dann plötzlich legte er sich auf die Seite. Auch er tat einen, seinen letzten Atemzug. Dann folgte er Wakanda in das andere Reich. Was keiner für möglich gehalten hatte, war somit passiert. Es war also kein Versehen gewesen, dass zu Lebzeiten von Wakanda nicht nach einem Nachfolger oder einer Nachfolgerin gesucht wurde. Das, was Mingan sich gewünscht hatte, war geschehen. Der Kreis hatte sich auch für ihn geschlossen.

Auf der geistigen Ebene sah man Wakanda auf einer herrlichen Wiese stehen, beschienen von der Sonne. Ein herrlicher Anblick. Der Shaman und Wakanda lagen sich lachend und fröhlich in den Armen und als dann noch der Wolf Mingan dazu kam, war es perfekt. Der vierbeinige Vertraute und Gefährte war bei ihnen. Sie würden eine wunderbare Zeit verbringen und dann nur noch auf Florian warten. Irgendwann würde auch er zu ihnen kommen. Dann wären sie alle wieder vereint.

Die außergewöhnliche Dreizehn

Vor Ionen von Jahren, zu Beginn aller Zeiten, bekamen auch die Nummern, die Zahlen, ihre Namen. So gab es die Eins, die Zwei, die Drei und so weiter. Das waren tolle Namen und alle freuten sich darüber.

Einmal im Monat trafen sie sich und erzählten, was sie alles erlebt hatten da draußen in der Welt. Das war immer wunderbar. Und eines schönen Tages begab es sich bei so einem Beisammensein, dass sich die Eins und die Drei näher kennenlernten. Na ja, nicht nur dies, sie begannen sich auch zu mögen. Die Eins war ein stattlicher Mann. Stolz und aufrecht stand er immer, so wie man halt eine Eins kennt. Die Drei war eine wundervolle Zahl. Bildschön und faszinierend stellte sie ihre Runden als Nummer dar. Er fand sie begehrenswert und wollte sie unbedingt erobern. Er war forsch, trotzdem galant und innerhalb von kürzester Zeit waren sie richtiggehend verliebt ineinander und wurden ein Paar. Es dauerte auch gar nicht lange, da bekamen sie ihr erstes Kind. Die Freude war riesig bei den Eltern. Schon lange vorher hatten sie überlegt, wie das Erstgeborene zu nennen sei. Es war klar, es sollte ein Name sein, der ihnen beiden gerecht werden sollte. Da sind sie auf den Namen »Dreizehn« gekommen. »Der beinhaltet dich und mich«, hatte die Eins festgestellt. Sie war begeistert, ja, so sollte es geschehen.

Sie hatten die Dreizehn richtig doll lieb! Was sie allerdings nicht beachtet hatten, waren die Familienmitglieder. Die waren überhaupt nicht begeistert. Schon bald gab es traurige und zum Teil sogar böse Kommentare.

»Jede Zahl hat doch eine Bedeutung. Habt ihr das nicht bedacht?«, hieß es. »Du als Eins musst das doch wissen. Bei dir bedeutet es die Einheit, du bist unteilbar. Und du, liebe Drei, du stehst für Wachstum, Seele-Körper-Geist. Alle guten Dinge sind drei! Wie konntet ihr euer Kind nur so nennen? Die Menschen mögen die Dreizehn von jeher nicht. Sie bringt Unglück, heißt es!«

So und so ähnlich äußerten sich die Verwandten und Freunde. Und tatsächlich, niemand mochte das Kind. Keines der Nachbarkinder wollte mit ihm spielen und in der Schule wollte keiner Kontakt haben. Es war ganz schlimm, für die Eltern und auch für die Dreizehn.

Mit der Zeit hatte die Dreizehn auch erlebt, was dies genau bedeutet. Kein Hotel wollte das Stockwerk zwischen der zwölften und der vierzehnten Etage nach ihr benennen. Selbst in Flugzeugen nannte man ihren Platz stattdessen zwölfeinhalb. Es war so unsagbar traurig.

Am heftigsten reagierte allerdings der Wochentag namens Freitag auf sie. Wütend attackierte er die Zahl.

»Schämst du dich nicht?«, fuhr er die Zahl an. »Auf meinen Tag freuen sich die Menschen im Allgemeinen. Das ist der Beginn ihres Wochenendes. Darauf warten sie alle, das behagt ihnen. Da bin ich unglaublich gut angesehen. Nur du, du machst alles kaputt!«, inzwischen hatte er sich in Rage geschrien, so wütend war er.

»Brauchst gar nicht so zu gucken. Du bringst Unglück, sagen sie alle. Keiner will eine Prüfung an diesem Tag machen. Keiner will gar heiraten. Alle stehen angstvoll aus dem Bett auf, an solchen Tagen. Wenn sie überhaupt aufstehen. Manchmal trauen sie sich nicht einmal aus dem Haus. Ich wäre besser dran, ohne dich.«

Das tat weh. Die Dreizehn konnte doch nichts dafür, meinte sie. Sicher, die Zahlen hatten tolle Bedeutungen, einen Hintergrund.

Die Zwei war eine sehr angenehme Zahl. Da war die Dualität die Bedeutung. Sie war somit wichtig. Die Vier war eine ganz liebevolle Zahl. Hier waren zum Beispiel die vier Jahreszeiten oder auch Himmelsrichtungen die Grundlage. Und erst die Fünf. Es gibt fünf Elemente, auch die fünf Sinne.

Die Sechs war besonders reizend durch ihre natürliche regelmäßige Figur, wie sie auch Schneeflocken und Bienenwaben haben.

Die Sieben hatte sie zweimal getroffen. Wer weiß es nicht, sieben Tage hat die Woche. Außerdem ist sie die erste Zahl, die sowohl das Geistliche als auch das Weltliche umspannt. Die Sieben war als einzige Zahl lieb zu ihr gewesen und hatte sie ermutigt und aufgerichtet. Sie hatte ihr Mut zugesprochen. Vielleicht auch deshalb, weil sie als Sieben oft in herrlichen Märchen auftauchte?!

Dann war da noch die Acht. Sie war sich ihrer Bedeutung völlig bewusst, sind doch die Taufbecken achteckig, symbolisieren den Ort der Wiedergeburt und zudem als liegende Acht das Zeichen der Unendlichkeit. Die Chinesen haben die Acht geradezu in ihr Herz geschlossen.

Blieben noch die Neun und die Zehn. Ach ja, die Neun war toll. Hier war Anfang und Ende, das Ganze, gemeint. Sie war eine Himmels- und Engelszahl und wunderschön wie das irdische Paradies.

Schlussendlich gab es die Zehn. Die Zahl des Kosmos und auch der zehn Gebote. Wie herrlich.

Das wusste die Dreizehn alles. Indes, nur sie selbst war scheinbar zu nichts nütze. Sie fühlte sich miserabel und jämmerlich. Zu schmerzlich alles, was sie zu hören bekommen hatte vom Freitag. Sie war am Boden zerstört und weinte bitterlich. So mutlos wollten die Eltern ihr Kind nicht sehen. Da musste doch etwas zu machen sein?

So düster durfte die Zukunft für ihr Kind nicht sein, dachten sie. Sie überlegten lange und dann fiel ihnen etwas ein. Sie würden bei den Menschen einfach nachfragen. Immerhin gingen diese tagtäglich mit ihnen allen um. Und nun setzten sie den Gedanken mutig in die Tat um.

Oh je, hätten sie dies lieber nicht getan. Der gestaute Ärger und die Angst schlugen ihnen in diesem Moment entgegen. Denn wenn die Menschen Angst haben, dann regiert nicht mehr die Realität. Nein, dann geht es um Emotionen. Die können mitunter heftig sein. Nein, wirklich keine gute Idee. Das hatten sie ganz anders vermutet. Doch nun war es zu spät. Das hatte nicht funktioniert und war nicht hilfreich gewesen.

Die Zeit ging ins Land und die Eltern hatten keine weiteren Ideen gehabt. Nun stand wieder ein Freitag an, an dem die Dreizehn teilnehmen musste. Unlustig machte sie sich auf den Weg zum Wochentag. Wer wollte schon den ganzen Tag mit so einem Griesgram unterwegs sein? Ein jedes Mal, wenn jemand etwas gegen die Zahl sagte, drehte sich der Wochentag zur Dreizehn um und schaute grimmig. »Da siehst du«, sollte es bedeuten. Ach, wenn sie doch woanders sein dürfte. Aber das ging natürlich nicht. Die Dreizehn musste ihren Dienst versehen. Die ersten Stunden nach Mitternacht gingen so halbwegs, da waren noch nicht so viele Menschen wach.

Aber wenn es Zeit zum Aufstehen war, dann ging es schon ziemlich heftig los. Freudlos trottete die Dreizehn dem Freitag hinterdrein und zählte die verbleibenden Stunden bis Mitternacht. Immer das Gejammer der Menschen, welch ein freudloser Tag doch heute sei. Und dass man sich vorsehen müsse. Dass das Pech heute schon fast vorprogrammiert sei. So ging es in einem fort. Die Menschen waren geradezu missgelaunt und mürrisch. Das konnte doch nichts werden, dachte die Dreizehn. Mit dieser Grundeinstellung, so verdrossen wie alle waren, musste es folgerichtig ein mühevoller Tag werden. Sahen das die Menschen denn nicht von selbst ein? Kein Wunder, wenn diese vierundzwanzig Stunden anstrengend und kräftezehrend würden. Die meisten Leute waren dadurch verstimmt, launisch und unausgeglichen. Oh je, was war das nur? Der Wochentag, der Freitag, wurde dadurch auch immer verbitterter und zorniger. Furchtbar, einfach schlimm.

Plötzlich ein »Juhu«-Schrei. Beide waren zusammengezuckt. Hatte der Freitag das also auch gehört? Da, wieder ein Ruf. Hörte sich an wie »Prima«. Erst waren sie stehen geblieben, jetzt bewegten sie sich diesem Rufen entgegen.

Tatsächlich! Da stand ein junger Mann und wedelte vor Freude mit den Armen. Er stand auf einem Balkon und schien sich riesig zu freuen. »Oh, wie schön ist das«, hörten sie.

Ein glücklicher Mensch, wie es schien. Stand dort in seinem Schlafanzug und hieß den Tag willkommen. Die Dreizehn und der Freitag näherten sich vorsichtig an. Aber das brauchten sie gar nicht. Völlig euphorisch und gut gelaunt stand das Mannsbild da.

Die beiden hörten zu, als der Typ johlte: »Was für ein Tag. Ich freue mich so. Das wird ein super Tag!«

Die Dreizehn schaute den Freitag an. Der stand ziemlich verwundert und verdattert da und schüttelte langsam den

Kopf, als könne er das nicht begreifen. Da war ein Mensch, der freute sich riesig über diesen Tag in dieser Kombination mit der Zahl? Wieso nur? Noch während er sich dies fragte, bekam er schon die Antwort.

»Ach, es ist mein Geburtstag. Und viele Menschen kommen heute und feiern mit mir«, sagte der junge Mann zu sich. Scheinbar war er es gewohnt, Selbstgespräche zu führen.

Da fasste die Dreizehn den ganzen Mut zusammen und sprach den Herrn an. Sie fragte ihn, ob er sich wirklich so freue und gratulierte natürlich zum Geburtstag. Und weil die Dreizehn sehr offen war, hielt sie sich auch nicht zurück und erzählte ihre eigene Geschichte. Das sie ziemlich einsam sei, und dass die anderen Zahlen nichts von ihr wissen wollten. Die ganze, lange Geschichte erzählte sie und der junge Mann hörte ergriffen zu. Er hatte sich auf den Balkon gesetzt und der Dreizehn Gehör geschenkt. Gut zugehört hatte er und lauschte gespannt. Er war ganz Ohr und konzentrierte sich auf die Schilderungen. Erst als die Dreizehn die Lebensgeschichte beendete, setzte er zum Sprechen an.

»Du liebe Zahl Dreizehn«, begann er langsam. »es ist so traurig, was du bisher erlebt hast. So viele Reaktionen gibt es auf dich. Also unbeachtet bist du von keinem aus deiner Umgebung«, warf er schelmisch ein.

Da entdeckte auch die Dreizehn den Sinn seiner Antwort. Stimmt, sie war keinem egal. Das ist ja auch schon etwas. Man reagierte auf sie, eine »besondere« Art der Anerkennung.

Aber der junge Mann beließ es natürlich nicht bei dieser Bemerkung. »Nein, ehrlich. Ich finde es gut, dass du Beachtung findest. Ich für meinen Teil finde dich einfach klasse. Auch zusammen mit dem Freitag.« Damit drehte er sich zu dem Wochentag hin und zwinkerte freundlich mit den Augen. »Für mich bist du, die Dreizehn, etwas ganz Besonderes«, wiederholte er nachdrücklich. »Es ist nicht nur, dass ich an diesem Tag geboren wurde. Nö, ich habe auch immer an diesem speziellen Datum viel Glück gehabt. Mein Abitur habe ich an einem solchen Tag bestanden. Und bei der Führerscheinprüfung habe ich extra auf diesen Wochentag gewartet … und natürlich bestanden«, verkündete er stolz. »Also, alles ist immer prima gelaufen. Wenn andere mich vor diesen Tagen warnen wollten, ich habe sie nur ausgelacht. Ich wusste es besser. Die brauchen nur mit der richtigen Einstellung an diesen Tag rangehen, dann geht alles wie geschmiert. Und so gut – oder eben so schlecht – wie sonst auch. Ich halte nichts von diesem deprimierten Gehabe um dich als Zahl.«

Die Dreizehn hatte aufmerksam aufgepasst und strahlte inzwischen glücklich. Ja, da hatte er wohl Recht, dies fühlte sie. Selbst der Freitag war nicht mehr so mürrisch und zerknautscht.

Der junge Mann fuhr fort. »Weißt du was? Ich werde in Zukunft viel über dich erzählen. Und auch meine Erfahrungen mit anderen Menschen austauschen. Vielleicht gelingt es mir, die anderen davon zu überzeugen, dass es an ihnen selbst liegt, wie sie den Tag erleben werden. Dass es nicht an dir liegt, liebe Dreizehn!

»Das würdest du tun?« fragte sie nach.

»Na klar doch«, ich bin doch eh ein Fan von dir. Und das wird so bleiben. Jetzt noch mehr als vorher«, rief er aus und wedelte voller Freude mit den Armen. Das schien wohl eine seiner Lieblingsbewegungen zu sein.

»Sie alle, jedenfalls aus meinem Verwandten- und Freundeskreis, werden entdecken, was für ein fabelhafter Tag der Freitag«, und erneut nickte er dem Wochentag zu, »und auch die Dreizehn ist. Das könnt ihr mir glauben. Ich möchte demnächst heiraten«, teilte er froh mit. »Mein Mädchen ist eine ganz liebevolle, großartige Frau, und ich werde ihr demnächst einen Heiratsantrag machen. Und ratet mal, welche Idee mir gerade gekommen ist? Ja, ich werde dann einen Dreizehnten als Datum der Zeremonie wählen. Das fühlt sich toll und richtig an. Was meint ihr dazu?«

Die Zahl und der Wochentag sagten erst nichts, so sprachlos waren sie von diesem Angebot. Dann rührten sie sich fast gleichzeitig. Der Freitag grinste von einem Ohr zum anderen. Die Dreizehn hatte aufgejauchzt und fiel dem jungen Mann um den Hals. Dann ließ sie ihn los, jubelte und machte Luftsprünge. In ihrer Begeisterung stupste sie den Freitag mit dem Ellenbogen in die Seite. So sehr freute sie sich.

Der Wochentag reagierte zuerst verdutzt, dann jedoch griff er nach der kleinen Zahl und wirbelte sie umher. So ausgelassen und froh hatte er sich noch nie gefühlt. Das war das Tollste, was er je erlebt hatte.

Triumphierend stand der junge Mann auf. »So machen wir es. Und zu meiner Hochzeit seid ihr herzlich eingeladen. Auch alle anderen Zahlen dürfen kommen. Sie dürfen sich dann mit mir – und zusammen mit euch – freuen.«

So ging dieser Freitag, der Dreizehnte, glücklich und freudig zu Ende.

Und somit kennt ihr jetzt die wahre Geschichte von der Zahl Dreizehn.

Die sensitive Baumfrau

Sie war immer sensibel gewesen, schon als Kind.

Ihre Umwelt tat sich schwer damit, angefangen mit ihren Eltern.

Wie hätte sie den Eltern das auch erklären können? Wie sie alles so empfand ...? Hatte sie doch angenommen, jeder sei so empfindsam, so sensibel, wie sie.

Erst mit den Jahren fand sie heraus, dass sie etwas anders ist als alle anderen Menschen. Dass nicht jeder Mensch z. B. die Klänge der Umwelt als Farbe wahrnehmen konnte.

Sie meinte, jedem Menschen müssten doch die lauten Töne und Geräusche in den Ohren schmerzen. Doch sie musste mit der Zeit erkennen, dass offenbar nur sie so geartet war.

Von Kindheit an begleitete sie also der Satz: »Sei doch nicht so empfindlich! Das musst du eben aushalten. Hab' dich doch nicht so.«

Im Laufe des Lebens trifft man natürlich viele verschiedene Menschen. Teils aus dem beruflichen Umfeld, teils bei Freizeitaktivitäten, durch den Ehepartner oder schlichtweg durch die Nachbarn.

Immer wieder – aber in immer größeren Abständen natürlich – streckte sie ihre »Fühler« aus und tastete sich an die Freunde und Bekannte heran. Sie mochte nicht glauben, dass sie alleine mit ihren Gefühlen und Empfindungen war. Wenn ihr inzwischen Menschen auf der Straße begegneten, konnte sie deren Gedanken lesen. Sie wusste spontan um deren innerste Gefühle. Waren die gerade wütend oder kamen sie glücklich von einer Verabredung. Sie konnte es ganz genau fühlen ... und auch sehen.

Diese Gabe machte sie aber nicht glücklich, wie manche Neider jetzt meinen könnten, sondern dies belastete sie alles sehr. So sehr sie sich das wünschte, sie konnte diese Fähigkeit nicht nutzen und über sie reden. Denn wenn sie mit den Menschen darüber sprach, so wurden diese oft ausgesprochen wütend und böse. Sie fühlten sich plötzlich seelisch nackt vor ihr.

Sie wollten doch ihr Innerstes verbergen! Keinem zeigen, was sie wirklich dachten und fühlten. Die Menschen wollten alles verstecken und sie versuchten verzweifelt, eine Art Maske zu tragen. Vielleicht wollten sie keine echten Gefühle zeigen, damit man ihnen selbst nicht wehtun konnte, sie keiner verletzen konnte? Wer weiß das schon so genau.

Tja, und nicht nur das, im Berufsleben ist so eine extreme Sensibilität ebenfalls eher hinderlich. Wenn man täglich die neidischen, missgünstigen Kollegen auszuhalten hat, die selbstverständlich genau das Gegenteil von sich behaupteten. Oft war es für sie unerträglich, diese Widersprüche zu erkennen und zu erdulden.

Nein, diese Gabe empfand sie immer mehr als Last und sie wurde immer depressiver. Kein Lächeln mehr, kein Glücklichsein. Sie wurde immer trauriger. Es wurde so arg, dass sie sogar daran dachte, sich etwas anzutun.

An diesem Punkt angelangt, führte ihr Schicksalsweg sie zu einer Heilerin. Zu dieser Frau fasste sie Vertrauen; es war ihr letzter, verzweifelter Versuch. Sie schüttete dort ihr ganzes Herz aus und war sich dabei sehr wohl bewusst, wie extrem ihre Aussagen für fremde Ohren klingen mussten.

Doch sie hatte Glück: Zum ersten Mal hörte ihr jemand richtig zu. Zum allerersten Mal wurde sie verstanden. Sie wurde nicht niedergemacht oder gar belächelt noch wurden ihre Probleme kleiner gemacht! Keine Abwertung, kein Erstaunen und kein Schulterklopfen mit der Bemerkung: »Das wird schon wieder ...«

Sie wurde ernst genommen und nach vielen Stunden der Unterhaltung – über einige Zeit hinweg – und des Austausches kam unter anderem der rein praktische Rat dieser Heilerin: »Suchen Sie sich einen Baum. Einen großen, gesunden Baum. Einen Baum, den Sie mögen. An den gehen Sie täglich heran und legen ihre Hände auf die Rinde. Fühlen und empfinden Sie den Baum und bitten ihn um Kraft. Er wird sie Ihnen geben.«

So suchte sie sich mit Bedacht IHREN Baum aus und tat, wie ihr empfohlen wurde. Sie machte diese Übung täglich, jahrein und jahraus und bei jedem Wetter. Sie kannte ihren Baum so gut, dass sie inzwischen auch *seine* allerfeinsten Empfindungen spüren konnte.

Es störte sie auch nicht, wenn ihre Mitmenschen sie an dem Baum sahen und verwundert reagierten. Dieser Baum war ihr Freund und zu dem steht man. Das Verhältnis wurde über die Jahre immer inniger und intensiver.

Es war ein herrlicher Sommertag, da hatte man sie das letzte Mal am Baum gesehen. Ihre Familie suchte sie und fand sie nicht. Ihr Ehemann hatte sie gar als vermisst melden müssen. War sie entführt worden? Vielleicht einem Mörder in die Hände gefallen? Keiner hat sie je wieder gesehen. Sie war und blieb verschwunden.

Und sie ... wie ging es ihr *wirklich*? Und was war tatsächlich geschehen?

Sie hatte sich, wie immer, an ihren Baum gelehnt. Wie jedes Mal hatte sie sich in Gedanken mit ihm unterhalten. Ihre Augen waren – wie stets – den Stamm hinaufgewandert bis zur Krone, wo sie die ganze Landschaft rund herum *durch* ihn überblicken konnte. Sie nahm ihr eigenes Gefühl und vereinte in Gedanken ihre eigenen Füße mit den Wurzeln des Baumes. Sie schmiegte sich an ihn und ihre Gefühle waren so intensiv wie noch nie zuvor. Irgendetwas war anders an diesem Tag.

Es war mehr als sonst, irgendetwas veränderte sich plötzlich. Etwas wandelte sich, transformierte sich eigenartig.

Sie besah sich ihre Hände, die doch sonst stets auf der Rinde lagen, nun plötzlich waren ihre Finger *im* Baum! Sie erschrak nicht, es kam ihr alles so natürlich und richtig vor. Sie zog die Hand langsam aus dem Stamm und dies gelang ihr. Erneut wiederholte sie diesen Vorgang. Sie war in der Lage, die ganze Hand, ja sogar ihre Arme in das Holz zu geben. Mehrmals wiederholte sie dies. Und sie empfand einfach Freue daran und besah sich dieses Schauspiel – mit immer mehr Begeisterung.

In diesem Bewusstsein, was alles passieren kann, lehnte sie sich mit dem ganzen Körper an den Baum. Da kam ein warmes Gefühl an. Der Baum reagierte ebenfalls. Er seufzte leise, aber so, als würde er es genießen, so behandelt zu werden.

Derart hatte er sich noch nie geäußert.

Sie konzentrierte sich wieder auf ihren Körper.

Da, sie fühlte die Säfte des Baumes *in* ihrem Körper und nicht mehr außen entlang. Die Ameisen, die gerade am Baum hochkletterten, fühlte sie auf *ihrer* Haut. Auch sie seufzte glücklich auf.

Sie fühlte alles innen regelrecht kribbeln. Das kam von einem Vogelpaar, das gerade begann in der Krone des Baumes ein Nest zu bauen.

Was für ein wunderbares Erleben! Was für eine Stimmung. So etwas hatte sie noch nie erlebt.

Sie fühlte sich EINS mit dem Baum. So stark und warm waren diese Gefühle! Sie genoss den Augenblick. Was geschehen sollte, würde passieren. Ihre Seele gab ihr zu verstehen, dass alles richtig sein würde. Sie konnte also das Kommende einfach geschehen lassen. Und dies mit immer mehr Freude und in Innigkeit. Sie brauchte und wollte sich von ihrem Freund, dem Baum, nicht mehr lösen.

So einfach war das also?!

Sie breitete die Arme noch weiter aus, umarmte den Baum mit ganzer Kraft. Eine Wärme unendlichen Glückgefühls stieg in ihr auf. Sie wusste, sie brauchte nur noch das Herz öffnen, dann würde etwas Großes und Schönes für sie entstehen. Sie würde nichts vermissen, das wusste sie. Sie konnte gehen, ohne traurig zu sein.

Und so tat sie es dann. Sie öffnete bewusst ihr Herz und ihre Seele. Im selben Augenblick, ohne Verzögerung, verschmolz sie mit ihm.

SIE WURDEN EINS

... und manchmal gehen Menschen an diesem Baum vorbei und meinen, aus den Ästen und in der Rinde das Gesicht einer schönen Frau zu erblicken.

Autoren-Portrait Angelika Frikell

Angelika Frikell, geboren und aufgewachsen in Berlin. Von 2001 bis 2015 wohnte sie mit ihrem Mann und Katzen in Bayern, nun leben sie in Nordrhein-Westfalen.
Sie arbeitete über zwölf Jahre im Dekanat der Fakultät für Maschinenwesen an der Technischen Universität München mit Standort in Garching.
Ehrenamtlich war sie beim Bayerischen Roten Kreuz als Kriseninterventionshelfer tätig. Sie wurde zu Menschen gerufen, die ein schweres Ereignis zu bewältigen haben.
Auf diese Tätigkeit aufbauend wurde sie Ausbilderin und bildete Helfer für den Kriseninterventionsdienst (KIT), die sogenannte Psychosoziale Notfall-Nachsorge, aus. Daran schloss sie eine Ausbildung zum Psychologischen Berater an, sodass sie inzwischen auch als Coach, Mediator und Supervisorin arbeiten kann.
Wie man mit Hinterbliebenen und Betroffenen in der Zeit der Trauer umgeht, vermittelt sie zudem in Seminaren und Vorträgen – auch in NRW.
Als Ausgleich zu dieser schweren Arbeit schreibt sie Märchen und Geschichten. Sie veröffentlicht diese in regionalen Zeitungen und hält ebenfalls Lesungen ab. Ihr erstes Märchenbuch mit dem Titel »Die Drachenbrosche« erschien im September 2014. Danach folgte im Jahr 2015 »Die Himmelsscheibe von Nebra«, ebenfalls ein tolles Märchenbuch für Kinder und Erwachsene. Nun, im Jahr 2017, folgt das dritte Buch mit dem Titel »Der heilende Jade-Buddha«.

Danksagung

Lesen Sie auch gerne die Dankesworte der Autoren?
Ich finde es immer sehr spannend, wer dort genannt wird.
Hier nun meine Liebsten:

Mein Dank gilt eindeutig – gerne immer wieder – meinem Ehemann. Er stärkt mir den Rücken und steht mir mit seinem Motto »In der Ruhe liegt die Kraft« bei. Das tut unendlich gut.

Und auch bei mir gibt es Menschen, die mir helfen. Danke also an die Familie von Damaris Walter. Bereits bei zwei Büchern hat sie die herrlichen Cover gestaltet: »Die Drachenbrosche« und »Die Himmelsscheibe von Nebra«.

In meinem dritten Buch ist es nun Herr Raimund Klöcker. Seines Zeichens ein guter Physiotherapeut mit eigener Praxis in Krefeld. Dazu kommt, dass er gerne fotografiert. Hier hat er das Titelbild mit dem Buddha-Anhänger und die herrlichen Bambusstäbe für die Rückseite gestaltet.

Ebenfalls konnte ich wieder Ursel Kiening dabei haben. Sie korrigiert mit viel Fleiß und gewissenhaft meine Märchen und Geschichten. Was wäre ich nur ohne sie?

Danke euch allen. Es ist toll, solche Menschen im Umfeld zu haben!

Kurzbeschreibungen

Der heilende Jade-Buddha

Fiona bekommt einen stattlichen Jade-Anhänger, einen Buddha, geschenkt. Er führt sie auf außergewöhnliche Weise zu ihrem Traum-Mann.

Die Bestimmung

Michael ist eine kleine Schere in einer sehr großen Scheren-Familie. Er zweifelt an sich. Ist er wirklich nichts Wert, nur weil er so klein ist? Seine Suche beginnt und bald erkennt er seine großartige Bestimmung.

Der Glücksvogel

Maria lernt einen kleinen Vogel kennen, wird ein Jahr lang von ihm begleitet und erhält Beistand. Dann verschwindet er wieder. Zuvor versprach er ihr, dass sie sich auf andere Art und Weise wiedersehen werden. Wie wird dieses Treffen sein?

Das glanzvolle kleine Licht

Das kleine Licht läuft von zu Hause fort, bevor es gelöscht werden soll. Dabei erlebt es Abenteuer und lernt viele Tiere im Wald kennen. Ein perfektes und schönes neues zu Hause gilt es zu finden.

Ein wunder-volles Tagebuch

Hier geht es um ein Tagebuch, einen Indianer und einen schönen grauen Wolf. Brittas Leben verändert sich, als sie in den Besitz dieses wundervollen Buches kommt. Mit dem Wolf an ihrer Seite erlebt sie grandiose Abenteuer und ihre Wünsche und Ziele erfüllen sich perfekt.

Die außergewöhnliche Dreizehn

Die Tochter mit dem Namen Dreizehn, hat es nicht leicht. Vor allen Dingen, als sie mit dem Wochentag »Freitag« zusammenarbeiten muss. Der sieht in ihr eine Unglückszahl – aber alles ändert sich, an einem besonderen Tag.

Die sensitive Baumfrau

Sie ist eine äußerst sensible Frau, eine Sensitive. Als ihr jemand rät, sich an einen Baum zu wenden, um dort Kraft zu erhalten, passiert etwas scheinbar Unglaubliches.